PERSA

VOCABULARIO

PALABRAS MÁS USADAS

ESPAÑOL-
PERSA

Las palabras más útiles
Para expandir su vocabulario y refinar
sus habilidades lingüísticas

3000 palabras

Vocabulario Español-Persa - 3000 palabras más usadas

por Andrey Taranov

Los vocabularios de T&P Books buscan ayudar en el aprendizaje, la memorización y la revisión de palabras de idiomas extranjeros. El diccionario se divide por temas, cubriendo toda la esfera de las actividades cotidianas, de negocios, ciencias, cultura, etc.

El proceso de aprendizaje de palabras utilizando los diccionarios temáticos de T&P Books le proporcionará a usted las siguientes ventajas:

- La información del idioma secundario está organizada claramente y predetermina el éxito para las etapas subsiguientes en la memorización de palabras.
- Las palabras derivadas de la misma raíz se agrupan, lo cual permite la memorización de grupos de palabras en vez de palabras aisladas.
- Las unidades pequeñas de palabras facilitan el proceso de reconocimiento de enlaces de asociación que se necesitan para la cohesión del vocabulario.
- De este modo, se puede estimar el número de palabras aprendidas y así también el nivel de conocimiento del idioma.

T&P Books Publishing
www.tpbooks.com

ISBN: 978-1-78716-743-8

Este libro está disponible en formato electrónico o de E-Book también.
Visite www.tpbooks.com o las librerías electrónicas más destacadas en la Red.

VOCABULARIO PERSA
palabras más usadas

Los vocabularios de T&P Books buscan ayudar al aprendiz a aprender, memorizar y repasar palabras de idiomas extranjeros. Los vocabularios contienen más de 3000 palabras comúnmente usadas y organizadas de manera temática.

- El vocabulario contiene las palabras corrientes más usadas.
- Se recomienda como ayuda adicional a cualquier curso de idiomas.
- Capta las necesidades de aprendices de nivel principiante y avanzado.
- Es conveniente para uso cotidiano, prácticas de revisión y actividades de auto-evaluación.
- Facilita la evaluación del vocabulario.

Aspectos claves del vocabulario

- Las palabras se organizan según el significado, no según el orden alfabético.
- Las palabras se presentan en tres columnas para facilitar los procesos de repaso y auto-evaluación.
- Los grupos de palabras se dividen en pequeñas secciones para facilitar el proceso de aprendizaje.
- El vocabulario ofrece una transcripción sencilla y conveniente de cada palabra extranjera.

El vocabulario contiene 101 temas que incluyen lo siguiente:

Conceptos básicos, números, colores, meses, estaciones, unidades de medidas, ropa y accesorios, comida y nutrición, restaurantes, familia nuclear, familia extendida, características de personalidad, sentimientos, emociones, enfermedades, la ciudad y el pueblo, exploración del paisaje, compras, finanzas, la casa, el hogar, la oficina, el trabajo en oficina, importación y exportación, promociones, búsqueda de trabajo, deportes, educación, computación, la red, herramientas, la naturaleza, los países, las nacionalidades y más ...

TABLA DE CONTENIDO

GUÍA DE PRONUNCIACIÓN

T&P alfabeto fonético	Ejemplo persa	Ejemplo español
['] (ayn)	دعوا [da'vā]	fricativa faríngea sonora
['] (hamza)	تایید [ta'id]	oclusiva glotal sorda
[a]	رود [ravad]	radio
[ā]	آتش [ātaš]	contraataque
[b]	بانک [bānk]	en barco
[č]	چند [čand]	mapache
[d]	هشتاد [haštād]	desierto
[e]	عشق [ešq]	verano
[f]	فندک [fandak]	golf
[g]	لوگو [logo]	jugada
[h]	گیاه [giyāh]	registro
[i]	جزیره [jazire]	ilegal
[j]	جشن [jašn]	jazz
[k]	کاج [kāj]	charco
[l]	لیمو [limu]	lira
[m]	ماجرا [mājarā]	nombre
[n]	نروژ [norvež]	sonar
[o]	گلف [golf]	bordado
[p]	اپرا [operā]	precio
[q]	لاغر [lāqar]	amigo, magnífico
[r]	رقم [raqam]	era, alfombra
[s]	سوپ [sup]	salva
[š]	دوش [duš]	shopping
[t]	ترجمه [tarjome]	torre
[u]	نیرو [niru]	mundo
[v]	ورشو [varšow]	travieso
[w]	روشن [rowšan]	acuerdo
[x]	کاخ [kāx]	reloj
[y]	بیابان [biyābān]	asiento
[z]	زنجیر [zanjir]	desde
[ž]	ژوئن [žuan]	adyacente

ABREVIATURAS
usadas en el vocabulario

Abreviatura en español

adj	-	adjetivo
adv	-	adverbio
anim.	-	animado
conj	-	conjunción
etc.	-	etcétera
f	-	sustantivo femenino
f pl	-	femenino plural
fam.	-	uso familiar
fem.	-	femenino
form.	-	uso formal
inanim.	-	inanimado
innum.	-	innumerable
m	-	sustantivo masculino
m pl	-	masculino plural
m, f	-	masculino, femenino
masc.	-	masculino
mat	-	matemáticas
mil.	-	militar
num.	-	numerable
p.ej.	-	por ejemplo
pl	-	plural
pron	-	pronombre
sg	-	singular
v aux	-	verbo auxiliar
vi	-	verbo intransitivo
vi, vt	-	verbo intransitivo, verbo transitivo
vr	-	verbo reflexivo
vt	-	verbo transitivo

CONCEPTOS BÁSICOS

1. Los pronombres

yo	man	من
tú	to	تو
él, ella, ello	u	او
nosotros, -as	mā	ما
vosotros, -as	šomā	شما
ellos, ellas	ān-hā	آنها

2. Saludos. Salutaciones

¡Hola! (form.)	salām	سلام
¡Buenos días!	sobh bexeyr	صبح بخير
¡Buenas tardes!	ruz bexeyr!	روز بخير!
¡Buenas noches!	asr bexeyr	عصربخير
decir hola	salām kardan	سلام كردن
¡Hola! (a un amigo)	salām	سلام
saludo (m)	salām	سلام
saludar (vt)	salām kardan	سلام كردن
¿Cómo estáis?	haletān četowr ast?	حالتان چطور است؟
¿Cómo estás?	četorid?	چطوريد؟
¿Qué hay de nuevo?	če xabar?	چه خبر؟
¡Hasta la vista! (form.)	xodāhāfez	خداحافظ
¡Hasta la vista! (fam.)	bāy bāy	باى باى
¡Hasta pronto!	be omid-e didār!	به اميد ديدار!
¡Adiós!	xodāhāfez!	خداحافظ!
despedirse (vr)	xodāhāfezi kardan	خداحافظى كردن
¡Hasta luego!	tā bezudi!	تا بزودى!
¡Gracias!	motešakker-am!	متشكرم!
¡Muchas gracias!	besyār motešakker-am!	بسيار متشكرم!
De nada	xāheš mikonam	خواهش مى كنم
No hay de qué	tašakkor lāzem nist	تشكر لازم نيست
De nada	qābel-i nadārad	قابلى ندارد
¡Disculpa!	bebaxšid!	ببخشيد!
disculpar (vt)	baxšidan	بخشيدن
disculparse (vr)	ozr xāstan	عذر خواستن
Mis disculpas	ozr mixāham	عذرمى خواهم
¡Perdóneme!	bebaxšid!	ببخشيد!
perdonar (vt)	baxšidan	بخشيدن
¡No pasa nada!	mohem nist	مهم نيست

por favor	lotfan	لطفأ
¡No se le olvide!	farāmuš nakonid!	فراموش نكنيد!
¡Ciertamente!	albate!	البته!
¡Claro que no!	albate ke neh!	البته كه نه!
¡De acuerdo!	besyār xob!	بسيارخوب!
¡Basta!	bas ast!	بس است!

3. Las preguntas

| ¿Quién? | če kas-i? | چه كسى؟ |
| ¿Qué? | če čiz-i? | چه چيزى؟ |

¿Dónde?	kojā?	كجا؟
¿Adónde?	kojā?	كجا؟
¿De dónde?	az kojā?	از كجا؟

¿Cuándo?	če vaqt?	چه وقت؟
¿Para qué?	čerā?	چرا؟
¿Por qué?	čerā?	چرا؟

¿Por qué razón?	barā-ye če?	براى چه؟
¿Cómo?	četor?	چطور؟
¿Qué ...? (~ color)	kodām?	كدام؟
¿Cuál?	kodām?	كدام؟

¿A quién?	barā-ye ki?	براى كى؟
¿De quién? (~ hablan ...)	dar bāre-ye ki?	درباره كى؟
¿De qué?	darbāre-ye či?	درباره چى؟
¿Con quién?	bā ki?	با كى؟

| ¿Cuánto? | čeqadr? | چقدر؟ |
| ¿De quién? | māl-e ki? | مال كى؟ |

4. Las preposiciones

con ... (~ algn)	bā	با
sin ... (~ azúcar)	bedune	بدون
a ... (p.ej. voy a México)	be	به
de ... (hablar ~)	rāje' be	راجع به

| antes de ... | piš az | پيش از |
| delante de ... | dar moqābel | در مقابل |

debajo	zir	زير
sobre ..., encima de ...	bālā-ye	بالاى
en, sobre (~ la mesa)	ruy	روى

| de (origen) | az | از |
| de (fabricado de) | az | از |

| dentro de ... | tā | تا |
| encima de ... | az bālāye | از بالاى |

5. Las palabras útiles. Los adverbios. Unidad 1

Español	Transcripción	Persa
¿Dónde?	kojā?	کجا؟
aquí (adv)	in jā	این جا
allí (adv)	ānjā	آنجا
en alguna parte	jā-yi	جایی
en ninguna parte	hič kojā	هیچ کجا
junto a ...	nazdik	نزدیک
junto a la ventana	nazdik panjere	نزدیک پنجره
¿A dónde?	kojā?	کجا؟
aquí (venga ~)	in jā	این جا
allí (vendré ~)	ānjā	آنجا
de aquí (adv)	az injā	از اینجا
de allí (adv)	az ānjā	از آنجا
cerca (no lejos)	nazdik	نزدیک
lejos (adv)	dur	دور
cerca de ...	nazdik	نزدیک
al lado (de ...)	nazdik	نزدیک
no lejos (adv)	nazdik	نزدیک
izquierdo (adj)	čap	چپ
a la izquierda (situado ~)	dast-e čap	دست چپ
a la izquierda (girar ~)	be čap	به چپ
derecho (adj)	rāst	راست
a la derecha (situado ~)	dast-e rāst	دست راست
a la derecha (girar)	be rāst	به راست
delante (yo voy ~)	jelo	جلو
delantero (adj)	jelo	جلو
adelante (movimiento)	jelo	جلو
detrás de ...	aqab	عقب
desde atrás	az aqab	از عقب
atrás (da un paso ~)	aqab	عقب
centro (m), medio (m)	vasat	وسط
en medio (adv)	dar vasat	در وسط
de lado (adv)	pahlu	پهلو
en todas partes	hame jā	همه جا
alrededor (adv)	atrāf	اطراف
de dentro (adv)	az daxel	از داخل
a alguna parte	jā-yi	جایی
todo derecho (adv)	mostaqim	مستقیم
atrás (muévelo para ~)	aqab	عقب
de alguna parte (adv)	az har jā	از هر جا
no se sabe de dónde	az yek jā-yi	از یک جایی

primero (adv)	avvalan	اولاً
segundo (adv)	dumā	دوما
tercero (adv)	sālesan	ثالثاً

de súbito (adv)	nāgahān	ناگهان
al principio (adv)	dar avval	در اول
por primera vez	barā-ye avvalin bār	برای اولین بار
mucho tiempo antes ...	xeyli vaqt piš	خیلی وقت پیش
de nuevo (adv)	az now	از نو
para siempre (adv)	barā-ye hamiše	برای همیشه

jamás, nunca (adv)	hič vaqt	هیچ وقت
de nuevo (adv)	dobāre	دوباره
ahora (adv)	alān	الان
frecuentemente (adv)	aqlab	اغلب
entonces (adv)	ān vaqt	آن وقت
urgentemente (adv)	foran	فوراً
usualmente (adv)	ma'mulan	معمولاً

a propósito, ...	rāst-i	راستی
es probable	momken ast	ممکن است
probablemente (adv)	ehtemālan	احتمالاً
tal vez	šāyad	شاید
además ...	bealāve	بعلاوه
por eso ...	be hamin xāter	به همین خاطر
a pesar de ...	alāraqm	علیرغم
gracias a ...	be lotf	به لطف

qué (pron)	če?	چه؟
que (conj)	ke	که
algo (~ le ha pasado)	yek čiz-i	یک چیزی
algo (~ así)	yek kāri	یک کاری
nada (f)	hič čiz	هیچ چیز

quien	ki	کی
alguien (viene ~)	yek kas-i	یک کسی
alguien (¿ha llamado ~?)	yek kas-i	یک کسی

nadie	hič kas	هیچ کس
a ninguna parte	hič kojā	هیچ کجا
de nadie	māl-e hičkas	مال هیچ کس
de alguien	har kas-i	هر کسی

tan, tanto (adv)	xeyli	خیلی
también (~ habla francés)	ham	هم
también (p.ej. Yo ~)	ham	هم

6. Las palabras útiles. Los adverbios. Unidad 2

¿Por qué?	čerā?	چرا؟
no se sabe porqué	be dalil-i	به دلیلی
porque ...	čon	چون
por cualquier razón (adv)	barā-ye maqsudi	برای مقصودی
y (p.ej. uno y medio)	va	و

o (p.ej. té o café)	yā	یا
pero (p.ej. me gusta, ~)	ammā	اما
para (p.ej. es para ti)	barā-ye	برای
demasiado (adv)	besyār	بسیار
sólo, solamente (adv)	faqat	فقط
exactamente (adv)	daqiqan	دقیقا
unos ...,	taqriban	تقریباً
cerca de ... (~ 10 kg)		
aproximadamente	taqriban	تقریباً
aproximado (adj)	taqribi	تقریبی
casi (adv)	taqriban	تقریباً
resto (m)	baqiye	بقیه
el otro (adj)	digar	دیگر
otro (p.ej. el otro día)	digar	دیگر
cada (adj)	har	هر
cualquier (adj)	har	هر
mucho (adv)	ziyād	زیاد
muchos (mucha gente)	besyāri	بسیاری
todos	hame	همه
a cambio de ...	dar avaz	در عوض
en cambio (adv)	dar barābar	در برابر
a mano (hecho ~)	dasti	دستی
poco probable	baid ast	بعید است
probablemente	ehtemālan	احتمالاً
a propósito (adv)	amdan	عمداً
por accidente (adv)	tasādofi	تصادفی
muy (adv)	besyār	بسیار
por ejemplo (adv)	masalan	مثلاً
entre (~ nosotros)	beyn	بین
entre (~ otras cosas)	miyān	میان
tanto (~ gente)	in qadr	این قدر
especialmente (adv)	maxsusan	مخصوصاً

NÚMEROS. MISCELÁNEA

cero	sefr	صفر
uno	yek	یک
dos	do	دو
tres	se	سه
cuatro	čāhār	چهار
cinco	panj	پنج
seis	šeš	شش
siete	haft	هفت
ocho	hašt	هشت
nueve	neh	نه
diez	dah	ده
once	yāzdah	یازده
doce	davāzdah	دوازده
trece	sizdah	سیزده
catorce	čāhārdah	چهارده
quince	pānzdah	پانزده
dieciséis	šānzdah	شانزده
diecisiete	hefdah	هفده
dieciocho	hijdah	هیجده
diecinueve	nuzdah	نوزده
veinte	bist	بیست
veintiuno	bist-o yek	بیست ویک
veintidós	bist-o do	بیست ودو
veintitrés	bist-o se	بیست وسه
treinta	si	سی
treinta y uno	si-yo yek	سی ویک
treinta y dos	si-yo do	سی ودو
treinta y tres	si-yo se	سی وسه
cuarenta	čehel	چهل
cuarenta y uno	čehel-o yek	چهل ویک
cuarenta y dos	čehel-o do	چهل ودو
cuarenta y tres	čehel-o se	چهل وسه
cincuenta	panjāh	پنجاه
cincuenta y uno	panjāh-o yek	پنجاه ویک
cincuenta y dos	panjāh-o do	پنجاه ودو
cincuenta y tres	panjāh-o se	پنجاه وسه
sesenta	šast	شصت
sesenta y uno	šast-o yek	شصت ویک

sesenta y dos	šast-o do	شصت ودو
sesenta y tres	šast-o se	شصت وسه
setenta	haftād	هفتاد
setenta y uno	haftād-o yek	هفتاد ویک
setenta y dos	haftād-o do	هفتاد ودو
setenta y tres	haftād-o se	هفتاد وسه
ochenta	haštād	هشتاد
ochenta y uno	haštād-o yek	هشتاد ویک
ochenta y dos	haštād-o do	هشتاد ودو
ochenta y tres	haštād-o se	هشتاد وسه
noventa	navad	نود
noventa y uno	navad-o yek	نود ویک
noventa y dos	navad-o do	نود ودو
noventa y tres	navad-o se	نود وسه

8. Números cardinales. Unidad 2

cien	sad	صد
doscientos	devist	دویست
trescientos	sisad	سیصد
cuatrocientos	čāhārsad	چهارصد
quinientos	pānsad	پانصد
seiscientos	šeššad	ششصد
setecientos	haftsad	هفتصد
ochocientos	haštsad	هشتصد
novecientos	nohsad	نهصد
mil	hezār	هزار
dos mil	dohezār	دوهزار
tres mil	se hezār	سه هزار
diez mil	dah hezār	ده هزار
cien mil	sad hezār	صد هزار
millón (m)	milyun	میلیون
mil millones	milyārd	میلیارد

9. Números ordinales

primero (adj)	avvalin	اولین
segundo (adj)	dovvomin	دومین
tercero (adj)	sevvomin	سومین
cuarto (adj)	čāhāromin	چهارمین
quinto (adj)	panjomin	پنجمین
sexto (adj)	šešomin	ششمین
séptimo (adj)	haftomin	هفتمین
octavo (adj)	haštomin	هشتمین
noveno (adj)	nohomin	نهمین
décimo (adj)	dahomin	دهمین

LOS COLORES. LAS UNIDADES DE MEDIDA

10. Los colores

color (m)	rang	رنگ
matiz (m)	teyf-e rang	طیف رنگ
tono (m)	rangmaye	رنگمایه
arco (m) iris	rangin kamān	رنگین کمان
blanco (adj)	sefid	سفید
negro (adj)	siyāh	سیاه
gris (adj)	xākestari	خاکستری
verde (adj)	sabz	سبز
amarillo (adj)	zard	زرد
rojo (adj)	sorx	سرخ
azul (adj)	abi	آبی
azul claro (adj)	ābi rowšan	آبی روشن
rosa (adj)	surati	صورتی
naranja (adj)	nārenji	نارنجی
violeta (adj)	banafš	بنفش
marrón (adj)	qahve i	قهوه ای
dorado (adj)	talāyi	طلایی
argentado (adj)	noqre i	نقره ای
beige (adj)	baž	بژ
crema (adj)	kerem	کرم
turquesa (adj)	firuze i	فیروزه ای
rojo cereza (adj)	ālbāluyi	آلبالویی
lila (adj)	banafš yasi	بنفش یاسی
carmesí (adj)	zereški	زرشکی
claro (adj)	rowšan	روشن
oscuro (adj)	tire	تیره
vivo (adj)	rowšan	روشن
de color (lápiz ~)	rangi	رنگی
en colores (película ~)	rangi	رنگی
blanco y negro (adj)	siyāh-o sefid	سیاه و سفید
unicolor (adj)	yek rang	یک رنگ
multicolor (adj)	rangārang	رنگارنگ

11. Las unidades de medida

peso (m)	vazn	وزن
longitud (f)	tul	طول

anchura (f)	arz	عرض
altura (f)	ertefā'	ارتفاع
profundidad (f)	omq	عمق
volumen (m)	hajm	حجم
área (f)	masāhat	مساحت

gramo (m)	garm	گرم
miligramo (m)	mili geram	میلی گرم
kilogramo (m)	kilugeram	کیلوگرم
tonelada (f)	ton	تن
libra (f)	pond	پوند
onza (f)	ons	اونس

metro (m)	metr	متر
milímetro (m)	mili metr	میلی متر
centímetro (m)	sāntimetr	سانتیمتر
kilómetro (m)	kilumetr	کیلومتر
milla (f)	māyel	مایل

pulgada (f)	inč	اینچ
pie (m)	fowt	فوت
yarda (f)	yārd	یارد

| metro (m) cuadrado | metr morabba' | متر مربع |
| hectárea (f) | hektār | هکتار |

litro (m)	litr	لیتر
grado (m)	daraje	درجه
voltio (m)	volt	ولت
amperio (m)	āmper	آمپر
caballo (m) de fuerza	asb-e boxār	اسب بخار

cantidad (f)	meqdār	مقدار
un poco de ...	kami	کمی
mitad (f)	nim	نیم
docena (f)	dojin	دوجین
pieza (f)	tā	تا

| dimensión (f) | andāze | اندازه |
| escala (f) (del mapa) | meqyās | مقیاس |

mínimo (adj)	haddeaqal	حداقل
el más pequeño (adj)	kučaktarin	کوچکترین
medio (adj)	motevasset	متوسط
máximo (adj)	haddeaksar	حداکثر
el más grande (adj)	bištarin	بیشترین

12. Contenedores

tarro (m) de vidrio	šišeh konserv	شیشه کنسرو
lata (f)	quti	قوطی
cubo (m)	satl	سطل
barril (m)	boške	بشکه
palangana (f)	tašt	تشت

tanque (m)	maxzan	مخزن
petaca (f) (de alcohol)	qomqome	قمقمه
bidón (m) de gasolina	dabbe	دبه
cisterna (f)	maxzan	مخزن
taza (f) (mug de cerámica)	livān	لیوان
taza (f) (~ de café)	fenjān	فنجان
platillo (m)	naʻlbeki	نعلبکی
vaso (m) (~ de agua)	estekān	استکان
copa (f) (~ de vino)	gilās-e šarāb	گیلاس شراب
olla (f)	qāblame	قابلمه
botella (f)	botri	بطری
cuello (m) de botella	gardan-e botri	گردن بطری
garrafa (f)	tong	تنگ
jarro (m) (~ de agua)	pārč	پارچ
recipiente (m)	zarf	ظرف
tarro (m)	sofāl	سفال
florero (m)	goldān	گلدان
frasco (m) (~ de perfume)	botri	بطری
frasquito (m)	viyāl	ویال
tubo (m)	tiyub	تیوب
saco (m) (~ de azúcar)	kise	کیسه
bolsa (f) (~ plástica)	pākat	پاکت
paquete (m) (~ de cigarrillos)	baste	بسته
caja (f)	jaʻbe	جعبه
cajón (m) (~ de madera)	sanduq	صندوق
cesta (f)	sabad	سبد

LOS VERBOS MÁS IMPORTANTES

13. Los verbos más importantes. Unidad 1

abrir (vt)	bāz kardan	باز کردن
acabar, terminar (vt)	be pāyān resāndan	به پایان رساندن
aconsejar (vt)	nasihat kardan	نصیحت کردن
adivinar (vt)	hads zadan	حدس زدن
advertir (vt)	hošdār dādan	هشدار دادن
alabarse, jactarse (vr)	be rox kešidan	به رخ کشیدن
almorzar (vi)	nāhār xordan	ناهار خوردن
alquilar (~ una casa)	ejāre kardan	اجاره کردن
amenazar (vt)	tahdid kardan	تهدید کردن
arrepentirse (vr)	afsus xordan	افسوس خوردن
ayudar (vt)	komak kardan	کمک کردن
bañarse (vr)	ābtani kardan	آبتنی کردن
bromear (vi)	šuxi kardan	شوخی کردن
buscar (vt)	jostoju kardan	جستجو کردن
caer (vi)	oftādan	افتادن
callarse (vr)	sāket māndan	ساکت ماندن
cambiar (vt)	avaz kardan	عوض کردن
castigar, punir (vt)	tanbih kardan	تنبیه کردن
cavar (vt)	kandan	کندن
cazar (vi, vt)	šekār kardan	شکار کردن
cenar (vi)	šām xordan	شام خوردن
cesar (vt)	bas kardan	بس کردن
coger (vt)	gereftan	گرفتن
comenzar (vt)	šoru' kardan	شروع کردن
comparar (vt)	moqāyse kardan	مقایسه کردن
comprender (vt)	fahmidan	فهمیدن
confiar (vt)	etminān kardan	اطمینان کردن
confundir (vt)	qāti kardan	قاطی کردن
conocer (~ a alguien)	šenāxtan	شناختن
contar (vt) (enumerar)	šemordan	شمردن
contar con …	hesāb kardan	حساب کردن
continuar (vt)	edāme dādan	ادامه دادن
controlar (vt)	kontorol kardan	کنترل کردن
correr (vi)	davidan	دویدن
costar (vt)	qeymat dāštan	قیمت داشتن
crear (vt)	ijād kardan	ایجاد کردن

14. Los verbos más importantes. Unidad 2

dar (vt)	dādan	دادن
dar una pista	sarnax dādan	سرنخ دادن

decir (vt)	goftan	گفتن
decorar (para la fiesta)	tazyin kardan	تزیین کردن
defender (vt)	defā' kardan	دفاع کردن
dejar caer	andāxtan	انداختن
desayunar (vi)	sobhāne xordan	صبحانه خوردن
descender (vi)	pāyin āmadan	پایین آمدن
dirigir (administrar)	edāre kardan	اداره کردن
disculpar (vt)	baxšidan	بخشیدن
disculparse (vr)	ozr xāstan	عذر خواستن
discutir (vt)	bahs kardan	بحث کردن
dudar (vt)	šok dāštan	شک داشتن
encontrar (hallar)	peydā kardan	پیدا کردن
engañar (vi, vt)	farib dādan	فریب دادن
entrar (vi)	vāred šodan	وارد شدن
enviar (vt)	ferestādan	فرستادن
equivocarse (vr)	eštebāh kardan	اشتباه کردن
escoger (vt)	entexāb kardan	انتخاب کردن
esconder (vt)	penhān kardan	پنهان کردن
escribir (vt)	neveštan	نوشتن
esperar (aguardar)	montazer budan	منتظر بودن
esperar (tener esperanza)	omid dāštan	امید داشتن
estar de acuerdo	movāfeqat kardan	موافقت کردن
estudiar (vt)	dars xāndan	درس خواندن
exigir (vt)	darxāst kardan	درخواست کردن
existir (vi)	vojud dāštan	وجود داشتن
explicar (vt)	touzih dādan	توضیح دادن
faltar (a las clases)	qāyeb budan	غایب بودن
firmar (~ el contrato)	emzā kardan	امضا کردن
girar (~ a la izquierda)	pičidan	پیچیدن
gritar (vi)	faryād zadan	فریاد زدن
guardar (conservar)	hefz kardan	حفظ کردن
gustar (vi)	dust dāštan	دوست داشتن
hablar (vi, vt)	harf zadan	حرف زدن
hacer (vt)	anjām dādan	انجام دادن
informar (vt)	āgah kardan	آگاه کردن
insistir (vi)	esrār kardan	اصرار کردن
insultar (vt)	towhin kardan	توهین کردن
interesarse (vr)	alāqe dāštan	علاقه داشتن
invitar (vt)	da'vat kardan	دعوت کردن
ir (a pie)	raftan	رفتن
jugar (divertirse)	bāzi kardan	بازی کردن

15. Los verbos más importantes. Unidad 3

leer (vi, vt)	xāndan	خواندن
liberar (ciudad, etc.)	āzād kardan	آزاد کردن
llamar (por ayuda)	komak xāstan	کمک خواستن

| llegar (vi) | residan | رسیدن |
| llorar (vi) | gerye kardan | گریه کردن |

matar (vt)	koštan	کشتن
mencionar (vt)	zekr kardan	ذکر کردن
mostrar (vt)	nešān dādan	نشان دادن
nadar (vi)	šenā kardan	شنا کردن

negarse (vr)	rad kardan	رد کردن
objetar (vt)	moxalefat kardan	مخالفت کردن
observar (vt)	mošāhede kardan	مشاهده کردن
oír (vt)	šenidan	شنیدن

olvidar (vt)	farāmuš kardan	فراموش کردن
orar (vi)	do'ā kardan	دعا کردن
ordenar (mil.)	farmān dādan	فرمان دادن
pagar (vi, vt)	pardāxtan	پرداختن
pararse (vr)	motevaghef šodan	متوقف شدن

participar (vi)	šerekat kardan	شرکت کردن
pedir (ayuda, etc.)	xāstan	خواستن
pedir (en restaurante)	sefāreš dādan	سفارش دادن
pensar (vi, vt)	fekr kardan	فکر کردن

percibir (ver)	motevajjeh šodan	متوجه شدن
perdonar (vt)	baxšidan	بخشیدن
permitir (vt)	ejāze dādan	اجازه دادن
pertenecer a ...	ta'alloq dāštan	تعلق داشتن

planear (vt)	barnāmerizi kardan	برنامه ریزی کردن
poder (v aux)	tavānestan	توانستن
poseer (vt)	sāheb budan	صاحب بودن
preferir (vt)	tarjih dādan	ترجیح دادن
preguntar (vt)	porsidan	پرسیدن

preparar (la cena)	poxtan	پختن
prever (vt)	pišbini kardan	پیش بینی کردن
probar, tentar (vt)	talāš kardan	تلاش کردن
prometer (vt)	qowl dādan	قول دادن
pronunciar (vt)	talaffoz kardan	تلفظ کردن

proponer (vt)	pišnahād dādan	پیشنهاد دادن
quebrar (vt)	šekastan	شکستن
quejarse (vr)	šekāyat kardan	شکایت کردن
querer (amar)	dust dāštan	دوست داشتن
querer (desear)	xāstan	خواستن

16. Los verbos más importantes. Unidad 4

recomendar (vt)	towsie kardan	توصیه کردن
regañar, reprender (vt)	da'vā kardan	دعوا کردن
reírse (vr)	xandidan	خندیدن
repetir (vt)	tekrār kardan	تکرار کردن
reservar (~ una mesa)	rezerv kardan	رزرو کردن

responder (vi, vt)	javāb dādan	جواب دادن
robar (vt)	dozdidan	دزدیدن
saber (~ algo mas)	dānestan	دانستن
salir (vi)	birun raftan	بیرون رفتن
salvar (vt)	najāt dādan	نجات دادن
seguir ...	donbāl kardan	دنبال کردن
sentarse (vr)	nešastan	نشستن
ser necesario	hāmi budan	حامی بودن
ser, estar (vi)	budan	بودن
significar (vt)	ma'ni dāštan	معنی داشتن
sonreír (vi)	labxand zadan	لبخند زدن
sorprenderse (vr)	mote'ajjeb šodan	متعجب شدن
subestimar (vt)	dast-e kam gereftan	دست کم گرفتن
tener (vt)	dāštan	داشتن
tener hambre	gorosne budan	گرسنه بودن
tener miedo	tarsidan	ترسیدن
tener prisa	ajale kardan	عجله کردن
tener sed	tešne budan	تشنه بودن
tirar, disparar (vi)	tirandāzi kardan	تیراندازی کردن
tocar (con las manos)	lams kardan	لمس کردن
tomar (vt)	bardāštan	برداشتن
tomar nota	nevaštan	نوشتن
trabajar (vi)	kār kardan	کار کردن
traducir (vt)	tarjome kardan	ترجمه کردن
unir (vt)	mottahed kardan	متحد کردن
vender (vt)	foruxtan	فروختن
ver (vt)	didan	دیدن
volar (pájaro, avión)	parvāz kardan	پرواز کردن

LA HORA. EL CALENDARIO

17. Los días de la semana

lunes (m)	došanbe	دوشنبه
martes (m)	se šanbe	سه شنبه
miércoles (m)	čāhāršanbe	چهارشنبه
jueves (m)	panj šanbe	پنج شنبه
viernes (m)	jomʻe	جمعه
sábado (m)	šanbe	شنبه
domingo (m)	yek šanbe	یک شنبه
hoy (adv)	emruz	امروز
mañana (adv)	fardā	فردا
pasado mañana	pas fardā	پس فردا
ayer (adv)	diruz	دیروز
anteayer (adv)	pariruz	پریروز
día (m)	ruz	روز
día (m) de trabajo	ruz-e kāri	روز کاری
día (m) de fiesta	ruz-e jašn	روز جشن
día (m) de descanso	ruz-e taʻtil	روز تعطیل
fin (m) de semana	āxar-e hafte	آخر هفته
todo el día	tamām-e ruz	تمام روز
al día siguiente	ruz-e baʻd	روز بعد
dos días atrás	do ruz-e piš	دو روز پیش
en vísperas (adv)	ruz-e qabl	روز قبل
diario (adj)	ruzāne	روزانه
cada día (adv)	har ruz	هر روز
semana (f)	hafte	هفته
semana (f) pasada	hafte-ye gozašte	هفته گذشته
semana (f) que viene	hafte-ye āyande	هفته آینده
semanal (adj)	haftegi	هفتگی
cada semana (adv)	har hafte	هر هفته
2 veces por semana	do bār dar hafte	دو بار درهفته
todos los martes	har sešanbe	هر سه شنبه

18. Las horas. El día y la noche

mañana (f)	sobh	صبح
por la mañana	sobh	صبح
mediodía (m)	zohr	ظهر
por la tarde	baʻd az zohr	بعد ازظهر
noche (f)	asr	عصر
por la noche	asr	عصر

noche (f) (p.ej. 2:00 a.m.)	šab	شب
por la noche	šab	شب
medianoche (f)	nesfe šab	نصفه شب
segundo (m)	sānie	ثانیه
minuto (m)	daqiqe	دقیقه
hora (f)	sā'at	ساعت
media hora (f)	nim sā'at	نیم ساعت
cuarto (m) de hora	yek rob'	یک ربع
quince minutos	pānzdah daqiqe	پانزده دقیقه
veinticuatro horas	šabāne ruz	شبانه روز
salida (f) del sol	tolu-'e āftāb	طلوع آفتاب
amanecer (m)	sahar	سحر
madrugada (f)	sobh-e zud	صبح زود
puesta (f) del sol	qorub	غروب
de madrugada	sobh-e zud	صبح زود
esta mañana	emruz sobh	امروز صبح
mañana por la mañana	fardā sobh	فردا صبح
esta tarde	emruz zohr	امروز ظهر
por la tarde	ba'd az zohr	بعد ازظهر
mañana por la tarde	fardā ba'd az zohr	فردا بعد ازظهر
esta noche (p.ej. 8:00 p.m.)	emšab	امشب
mañana por la noche	fardā šab	فردا شب
a las tres en punto	sar-e sā'at-e se	سر ساعت ۳
a eso de las cuatro	nazdik-e sā'at-e čāhār	نزدیک ساعت ۴
para las doce	nazdik zohr	نزدیک ظهر
dentro de veinte minutos	bist daqiqe-ye digar	۲۰ دقیقه دیگر
dentro de una hora	yek sā'at-e digar	یک ساعت دیگر
a tiempo (adv)	be moqe'	به موقع
... menos cuarto	yek rob' be	یک ربع به
durante una hora	yek sā'at-e digar	یک ساعت دیگر
cada quince minutos	har pānzdah daqiqe	هر ۵۱ دقیقه
día y noche	šabāne ruz	شبانه روز

19. Los meses. Las estaciones

enero (m)	žānvie	ژانویه
febrero (m)	fevriye	فوریه
marzo (m)	mārs	مارس
abril (m)	āvril	آوریل
mayo (m)	meh	مه
junio (m)	žuan	ژوئن
julio (m)	žuiye	ژوئیه
agosto (m)	owt	اوت
septiembre (m)	septāmbr	سپتامبر
octubre (m)	oktobr	اکتبر

noviembre (m)	novāmbr	نوامبر
diciembre (m)	desāmr	دسامبر
primavera (f)	bahār	بهار
en primavera	dar bahār	در بهار
de primavera (adj)	bahāri	بهاری
verano (m)	tābestān	تابستان
en verano	dar tābestān	در تابستان
de verano (adj)	tābestāni	تابستانی
otoño (m)	pāyiz	پاییز
en otoño	dar pāyiz	در پاییز
de otoño (adj)	pāyizi	پاییزی
invierno (m)	zemestān	زمستان
en invierno	dar zemestān	در زمستان
de invierno (adj)	zemestāni	زمستانی
mes (m)	māh	ماه
este mes	in māh	این ماه
al mes siguiente	māh-e āyande	ماه آینده
el mes pasado	māh-e gozašte	ماه گذشته
hace un mes	yek māh qabl	یک ماه قبل
dentro de un mes	yek māh digar	یک ماه دیگر
dentro de dos meses	do māh-e digar	۲ ماه دیگر
todo el mes	tamām-e māh	تمام ماه
todo un mes	tamām-e māh	تمام ماه
mensual (adj)	māhāne	ماهانه
mensualmente (adv)	māhāne	ماهانه
cada mes	har māh	هر ماه
dos veces por mes	do bār dar māh	دو بار درماه
año (m)	sāl	سال
este año	emsāl	امسال
el próximo año	sāl-e āyande	سال آینده
el año pasado	sāl-e gozašte	سال گذشته
hace un año	yek sāl qabl	یک سال قبل
dentro de un año	yek sāl-e digar	یک سال دیگر
dentro de dos años	do sāl-e digar	۲ سال دیگر
todo el año	tamām-e sāl	تمام سال
todo un año	tamām-e sāl	تمام سال
cada año	har sāl	هر سال
anual (adj)	sālāne	سالانه
anualmente (adv)	sālāne	سالانه
cuatro veces por año	čāhār bār dar sāl	چهار بار در سال
fecha (f) (la ~ de hoy es …)	tārix	تاریخ
fecha (f) (~ de entrega)	tārix	تاریخ
calendario (m)	taqvim	تقویم
medio año (m)	nim sāl	نیم سال
seis meses	nim sāl	نیم سال

| estación (f) | fasl | فصل |
| siglo (m) | qarn | قرن |

EL VIAJE. EL HOTEL

20. Las vacaciones. El viaje

turismo (m)	gardešgari	گردشگری
turista (m)	turist	توریست
viaje (m)	mosāferat	مسافرت
aventura (f)	mājarā	ماجرا
viaje (m) (p.ej. ~ en coche)	safar	سفر
vacaciones (f pl)	moraxxasi	مرخصی
estar de vacaciones	dar moraxassi budan	در مرخصی بودن
descanso (m)	esterāhat	استراحت
tren (m)	qatār	قطار
en tren	bā qatār	با قطار
avión (m)	havāpeymā	هواپیما
en avión	bā havāpeymā	با هواپیما
en coche	bā otomobil	با اتومبیل
en barco	dar kešti	با کشتی
equipaje (m)	bār	بار
maleta (f)	čamedān	چمدان
carrito (m) de equipaje	čarx-e hamle bar	چرخ حمل بار
pasaporte (m)	gozarnāme	گذرنامه
visado (m)	ravādid	روادید
billete (m)	belit	بلیط
billete (m) de avión	belit-e havāpeymā	بلیط هواپیما
guía (f) (libro)	ketāb-e rāhnamā	کتاب راهنما
mapa (m)	naqše	نقشه
área (f) (~ rural)	mahal	محل
lugar (m)	jā	جا
exotismo (m)	qarāyeb	غرایب
exótico (adj)	qarib	غریب
asombroso (adj)	heyrat angiz	حیرت انگیز
grupo (m)	goruh	گروه
excursión (f)	gardeš	گردش
guía (m) (persona)	rāhnamā-ye tur	راهنمای تور

21. El hotel

hotel (m)	hotel	هتل
motel (m)	motel	متل
de tres estrellas	se setāre	سه ستاره

| de cinco estrellas | panj setāre | پنج ستاره |
| hospedarse (vr) | māndan | ماندن |

habitación (f)	otāq	اتاق
habitación (f) individual	otāq-e yeknafare	اتاق یک نفره
habitación (f) doble	otāq-e do nafare	اتاق دو نفره
reservar una habitación	otāq rezerv kardan	اتاق رزرو کردن

| media pensión (f) | nim pānsiyon | نیم پانسیون |
| pensión (f) completa | pānsiyon | پانسیون |

con baño	bā vān	با وان
con ducha	bā duš	با دوش
televisión (f) satélite	televiziyon-e māhvārei	تلویزیون ماهواره ای
climatizador (m)	tahviye-ye matbu'	تهویه مطبوع
toalla (f)	howle	حوله
llave (f)	kelid	کلید

administrador (m)	edāre-ye konande	اداره کننده
camarera (f)	mostaxdem	مستخدم
maletero (m)	bārbar	باربر
portero (m)	darbān	دربان

restaurante (m)	resturān	رستوران
bar (m)	bār	بار
desayuno (m)	sobhāne	صبحانه
cena (f)	šām	شام
buffet (m) libre	bufe	بوفه

| vestíbulo (m) | lābi | لابی |
| ascensor (m) | āsānsor | آسانسور |

| NO MOLESTAR | mozāhem našavid | مزاحم نشوید |
| PROHIBIDO FUMAR | sigār kešidan mamnu' | سیگار کشیدن ممنوع |

22. El turismo. La excursión

monumento (m)	mojassame	مجسمه
fortaleza (f)	qal'e	قلعه
palacio (m)	kāx	کاخ
castillo (m)	qal'e	قلعه
torre (f)	borj	برج
mausoleo (m)	ārāmgāh	آرامگاه

arquitectura (f)	me'māri	معماری
medieval (adj)	qorun-e vasati	قرون وسطی
antiguo (adj)	qadimi	قدیمی
nacional (adj)	melli	ملی
conocido (adj)	mašhur	مشهور

turista (m)	turist	توریست
guía (m) (persona)	rāhnamā-ye tur	راهنمای تور
excursión (f)	gardeš	گردش
mostrar (vt)	nešān dādan	نشان دادن

contar (una historia)	hekāyat kardan	حکایت کردن
encontrar (hallar)	peydā kardan	پیدا کردن
perderse (vr)	gom šodan	گم شدن
plano (m) (~ de metro)	naqše	نقشه
mapa (m) (~ de la ciudad)	naqše	نقشه
recuerdo (m)	sowqāti	سوغاتی
tienda (f) de regalos	forušgāh-e sowqāti	فروشگاه سوغاتی
hacer fotos	aks gereftan	عکس گرفتن
fotografiarse (vr)	aks gereftan	عکس گرفتن

EL TRANSPORTE

23. El aeropuerto

aeropuerto (m)	forudgāh	فرودگاه
avión (m)	havāpeymā	هواپیما
compañía (f) aérea	šerkat-e havāpeymāyi	شرکت هواپیمایی
controlador (m) aéreo	ma'mur-e kontorol-e terāfik-e havāyi	مأمور کنترل ترافیک هوایی
despegue (m)	azimat	عزیمت
llegada (f)	vorud	ورود
llegar (en avión)	residan	رسیدن
hora (f) de salida	zamān-e parvāz	زمان پرواز
hora (f) de llegada	zamān-e vorud	زمان ورود
retrasarse (vr)	ta'xir kardan	تأخیر کردن
retraso (m) de vuelo	ta'xir-e parvāz	تأخیر پرواز
pantalla (f) de información	tāblo-ye ettelā'āt	تابلوی اطلاعات
información (f)	ettelā'āt	اطلاعات
anunciar (vt)	e'lām kardan	اعلام کردن
vuelo (m)	parvāz	پرواز
aduana (f)	gomrok	گمرک
aduanero (m)	ma'mur-e gomrok	مأمور گمرک
declaración (f) de aduana	ežhār-nāme	اظهارنامه
rellenar (vt)	por kardan	پر کردن
rellenar la declaración	ezhār-nāme rā por kardan	اظهارنامه را پر کردن
control (m) de pasaportes	kontorol-e gozarnāme	کنترل گذرنامه
equipaje (m)	bār	بار
equipaje (m) de mano	bār-e dasti	بار دستی
carrito (m) de equipaje	čarx-e hamle bar	چرخ حمل بار
aterrizaje (m)	forud	فرود
pista (f) de aterrizaje	bānd-e forudgāh	باند فرودگاه
aterrizar (vi)	nešastan	نشستن
escaleras (f pl) (de avión)	pellekān	پلکان
facturación (f) (check-in)	ček in	چک این
mostrador (m) de facturación	bāje-ye kontorol	باجه کنترل
hacer el check-in	čekin kardan	چکین کردن
tarjeta (f) de embarque	kārt-e parvāz	کارت پرواز
puerta (f) de embarque	gi-yat xoruj	گیت خروج
tránsito (m)	terānzit	ترانزیت
esperar (aguardar)	montazer budan	منتظر بودن

zona (f) de preembarque	tālār-e entezār	تالار انتظار
despedir (vt)	badraqe kardan	بدرقه کردن
despedirse (vr)	xodāhāfezi kardan	خداحافظی کردن

24. El avión

avión (m)	havāpeymā	هواپیما
billete (m) de avión	belit-e havāpeymā	بلیط هواپیما
compañía (f) aérea	šerkat-e havāpeymāyi	شرکت هواپیمایی
aeropuerto (m)	forudgāh	فرودگاه
supersónico (adj)	māvarā sowt	ماوراء صوت
comandante (m)	kāpitān	کاپیتان
tripulación (f)	xadame	خدمه
piloto (m)	xalabān	خلبان
azafata (f)	mehmāndār-e havāpeymā	مهماندار هواپیما
navegador (m)	nāvbar	ناویر
alas (f pl)	bāl-hā	بال ها
cola (f)	dam	دم
cabina (f)	kābin	کابین
motor (m)	motor	موتور
tren (m) de aterrizaje	šāssi	شاسی
turbina (f)	turbin	توربین
hélice (f)	parvāne	پروانه
caja (f) negra	ja'be-ye siyāh	جعبه سیاه
timón (m)	farmān	فرمان
combustible (m)	suxt	سوخت
instructivo (m) de seguridad	dasturol'amal	دستورالعمل
respirador (m) de oxígeno	māsk-e oksižen	ماسک اکسیژن
uniforme (m)	oniform	اونیفورم
chaleco (m) salvavidas	jeliqe-ye nejāt	جلیقة نجات
paracaídas (m)	čatr-e nejāt	چترنجات
despegue (m)	parvāz	پرواز
despegar (vi)	parvāz kardan	پرواز کردن
pista (f) de despegue	bānd-e forudgāh	باند فرودگاه
visibilidad (f)	meydān did	میدان دید
vuelo (m)	parvāz	پرواز
altura (f)	ertefā'	ارتفاع
pozo (m) de aire	čāle-ye havāyi	چاله هوایی
asiento (m)	jā	جا
auriculares (m pl)	guši	گوشی
mesita (f) plegable	sini-ye tāšow	سینی تاشو
ventana (f)	panjere	پنجره
pasillo (m)	rāhrow	راهرو

25. El tren

tren (m)	qatār	قطار
tren (m) de cercanías	qatār-e barqi	قطار برقی
tren (m) rápido	qatār-e sari'osseyr	قطارسریع السیر
locomotora (f) diésel	lokomotiv-e dizel	لوکوموتیو دیزل
tren (m) de vapor	lokomotiv-e boxar	لوکوموتیو بخار
coche (m)	vāgon	واگن
coche (m) restaurante	vāgon-e resturān	واگن رستوران
rieles (m pl)	reyl-hā	ریل ها
ferrocarril (m)	rāh āhan	راه آهن
traviesa (f)	reyl-e band	ریل بند
plataforma (f)	sakku-ye rāh-āhan	سکوی راه آهن
vía (f)	masir	مسیر
semáforo (m)	nešanar	نشانبر
estación (f)	istgāh	ایستگاه
maquinista (m)	rānande	راننده
maletero (m)	bārbar	باربر
mozo (m) del vagón	rāhnamā-ye qatār	راهنمای قطار
pasajero (m)	mosāfer	مسافر
revisor (m)	kontorol či	کنترل چی
corredor (m)	rāhrow	راهرو
freno (m) de urgencia	tormoz-e ezterāri	ترمز اضطراری
compartimiento (m)	kupe	کوپه
litera (f)	taxt-e kupe	تخت کوپه
litera (f) de arriba	taxt-e bālā	تخت بالا
litera (f) de abajo	taxt-e pāyin	تخت پایین
ropa (f) de cama	raxt-e xāb	رخت خواب
billete (m)	belit	بلیط
horario (m)	barnāme	برنامه
pantalla (f) de información	barnāme-ye zamāni	برنامه زمانی
partir (vi)	tark kardan	ترک کردن
partida (f) (del tren)	harekat	حرکت
llegar (tren)	residan	رسیدن
llegada (f)	vorud	ورود
llegar en tren	bā qatār āmadan	با قطار آمدن
tomar el tren	savār-e qatār šodan	سوار قطار شدن
bajar del tren	az qatār piyāde šodan	از قطار پیاده شدن
descarrilamiento (m)	sānehe	سانحه
descarrilarse (vr)	az xat xārej šodan	از خط خارج شدن
tren (m) de vapor	lokomotiv-e boxar	لوکوموتیو بخار
fogonero (m)	ātaškār	آتشکار
hogar (m)	ātašdān	آتشدان
carbón (m)	zoqāl sang	زغال سنگ

26. El barco

barco, buque (m)	kešti	کشتی
navío (m)	kešti	کشتی
buque (m) de vapor	kešti-ye boxāri	کشتی بخاری
motonave (f)	qāyeq-e rudxāne	قایق رودخانه
trasatlántico (m)	kešti-ye tafrihi	کشتی تفریحی
crucero (m)	razm nāv	رزم ناو
yate (m)	qāyeq-e tafrihi	قایق تفریحی
remolcador (m)	yadak keš	یدک کش
barcaza (f)	kešti-ye bārkeše yadaki	کشتی بارکش یدکی
ferry (m)	kešti-ye farābar	کشتی فراربر
velero (m)	kešti-ye bādbāni	کشتی بادبانی
bergantín (m)	košti dozdān daryā-yi	کشتی دزدان دریایی
rompehielos (m)	kešti-ye yaxšekan	کشتی یخ شکن
submarino (m)	zirdaryāyi	زیردریایی
bote (m) de remo	qāyeq	قایق
bote (m)	qāyeq-e tafrihi	قایق تفریحی
bote (m) salvavidas	qāyeq-e nejāt	قایق نجات
lancha (f) motora	qāyeq-e motori	قایق موتوری
capitán (m)	kāpitān	کاپیتان
marinero (m)	malavān	ملوان
marino (m)	malavān	ملوان
tripulación (f)	xadame	خدمه
contramaestre (m)	sar malavān	سر ملوان
grumete (m)	šāgerd-e malavān	شاگرد ملوان
cocinero (m) de abordo	āšpaz-e kešti	آشپز کشتی
médico (m) del buque	pezešk-e kešti	پزشک کشتی
cubierta (f)	arše-ye kešti	عرشۀ کشتی
mástil (m)	dakal	دکل
vela (f)	bādbān	بادبان
bodega (f)	anbār	انبار
proa (f)	sine-ye kešti	سینه کشتی
popa (f)	aqab kešti	عقب کشتی
remo (m)	pāru	پارو
hélice (f)	parvāne	پروانه
camarote (m)	otāq-e kešti	اتاق کشتی
sala (f) de oficiales	otāq-e afsarān	اتاق افسران
sala (f) de máquinas	motor xāne	موتور خانه
puente (m) de mando	pol-e farmāndehi	پل فرماندهی
sala (f) de radio	kābin-e bisim	کابین بی سیم
onda (f)	mowj	موج
cuaderno (m) de bitácora	roxdād nāme	رخداد نامه
anteojo (m)	teleskop	تلسکوپ
campana (f)	nāqus	ناقوس

bandera (f)	parčam	پرچم
cabo (m) (maroma)	tanāb	طناب
nudo (m)	gereh	گره
pasamano (m)	narde	نرده
pasarela (f)	pol	پل
ancla (f)	langar	لنگر
levar ancla	langar kešidan	لنگر کشیدن
echar ancla	langar andāxtan	لنگر انداختن
cadena (f) del ancla	zanjir-e langar	زنجیر لنگر
puerto (m)	bandar	بندر
embarcadero (m)	eskele	اسکله
amarrar (vt)	pahlu gereftan	پهلو گرفتن
desamarrar (vt)	tark kardan	ترک کردن
viaje (m)	mosāferat	مسافرت
crucero (m) (viaje)	safar-e daryāyi	سفر دریایی
derrota (f) (rumbo)	masir	مسیر
itinerario (m)	masir	مسیر
canal (m) navegable	kešti-ye ru	کشتی رو
bajío (m)	mahall-e kam omq	محل کم عمق
encallar (vi)	be gel nešastan	به گل نشستن
tempestad (f)	tufān	طوفان
señal (f)	alāmat	علامت
hundirse (vr)	qarq šodan	غرق شدن
¡Hombre al agua!	kas-i dar hāl-e qarq šodan-ast!	کسی در حال غرق شدن است!
SOS	sos	SOS
aro (m) salvavidas	kamarband-e nejāt	کمربند نجات

LA CIUDAD

27. El transporte urbano

Español	Transliteración	فارسی
autobús (m)	otobus	اتوبوس
tranvía (m)	terāmvā	تراموا
trolebús (m)	otobus-e barqi	اتوبوس برقی
itinerario (m)	xat	خط
número (m)	šomāre	شماره
ir en ...	raftan bā	رفتن با
tomar (~ el autobús)	savār šodan	سوار شدن
bajar (~ del tren)	piyāde šodan	پیاده شدن
parada (f)	istgāh-e otobus	ایستگاه اتوبوس
próxima parada (f)	istgāh-e ba'di	ایستگاه بعدی
parada (f) final	istgāh-e āxar	ایستگاه آخر
horario (m)	barnāme	برنامه
esperar (aguardar)	montazer budan	منتظر بودن
billete (m)	belit	بلیط
precio (m) del billete	qeymat-e belit	قیمت بلیت
cajero (m)	sanduqdār	صندوقدار
control (m) de billetes	kontorol-e belit	کنترل بلیط
revisor (m)	kontorol či	کنترل چی
llegar tarde (vi)	ta'xir dāštan	تأخیر داشتن
perder (~ el tren)	az dast dādan	از دست دادن
tener prisa	ajale kardan	عجله کردن
taxi (m)	tāksi	تاکسی
taxista (m)	rānande-ye tāksi	راننده تاکسی
en taxi	bā tāksi	با تاکسی
parada (f) de taxi	istgāh-e tāksi	ایستگاه تاکسی
llamar un taxi	tāksi gereftan	تاکسی گرفتن
tomar un taxi	tāksi gereftan	تاکسی گرفتن
tráfico (m)	obur-o morur	عبور و مرور
atasco (m)	terāfik	ترافیک
horas (f pl) de punta	sā'at-e šoluqi	ساعت شلوغی
aparcar (vi)	pārk kardan	پارک کردن
aparcar (vt)	pārk kardan	پارک کردن
aparcamiento (m)	pārking	پارکینگ
metro (m)	metro	مترو
estación (f)	istgāh	ایستگاه
ir en el metro	bā metro raftan	با مترو رفتن
tren (m)	qatār	قطار
estación (f)	istgāh-e rāh-e āhan	ایستگاه راه آهن

28. La ciudad. La vida en la ciudad

ciudad (f)	šahr	شهر
capital (f)	pāytaxt	پایتخت
aldea (f)	rustā	روستا
plano (m) de la ciudad	naqše-ye šahr	نقشهٔ شهر
centro (m) de la ciudad	markaz-e šahr	مرکز شهر
suburbio (m)	hume-ye šahr	حومهٔ شهر
suburbano (adj)	hume-ye šahr	حومهٔ شهر
arrabal (m)	hume	حومه
afueras (f pl)	hume	حومه
barrio (m)	mahalle	محله
zona (f) de viviendas	mahalle-ye maskuni	محلهٔ مسکونی
tráfico (m)	obur-o morur	عبور و مرور
semáforo (m)	čerāq-e rāhnamā	چراغ راهنما
transporte (m) urbano	haml-o naql-e šahri	حمل و نقل شهری
cruce (m)	čahārrāh	چهارراه
paso (m) de peatones	xatt-e āber-e piyāde	خط عابرپیاده
paso (m) subterráneo	zir-e gozar	زیر گذر
cruzar (vt)	obur kardan	عبور کردن
peatón (m)	piyāde	پیاده
acera (f)	piyāde row	پیاده رو
puente (m)	pol	پل
muelle (m)	xiyābān-e sāheli	خیابان ساحلی
fuente (f)	češme	چشمه
alameda (f)	bāq rāh	باغ راه
parque (m)	pārk	پارک
bulevar (m)	bolvār	بولوار
plaza (f)	meydān	میدان
avenida (f)	xiyābān	خیابان
calle (f)	xiyābān	خیابان
callejón (m)	kuče	کوچه
callejón (m) sin salida	bon bast	بن بست
casa (f)	xāne	خانه
edificio (m)	sāxtemān	ساختمان
rascacielos (m)	āsemānxarāš	آسمانخراش
fachada (f)	namā	نما
techo (m)	bām	بام
ventana (f)	panjere	پنجره
arco (m)	tāq-e qowsi	طاق قوسی
columna (f)	sotun	ستون
esquina (f)	nabš	نبش
escaparate (f)	vitrin	ویترین
letrero (m) (~ luminoso)	tāblo	تابلو
cartel (m)	poster	پوستر
cartel (m) publicitario	poster-e tabliqāti	پوستر تبلیغاتی

valla (f) publicitaria	bilbord	بیلبورد
basura (f)	āšqāl	آشغال
cajón (m) de basura	satl-e āšqāl	سطل آشغال
tirar basura	kasif kardan	کثیف کردن
basurero (m)	jā-ye dafn-e āšqāl	جای دفن آشغال
cabina (f) telefónica	kābin-e telefon	کابین تلفن
farola (f)	tir-e barq	تیر برق
banco (m) (del parque)	nimkat	نیمکت
policía (m)	polis	پلیس
policía (f) (~ nacional)	polis	پلیس
mendigo (m)	gedā	گدا
persona (f) sin hogar	bi xānomān	بی خانمان

29. Las instituciones urbanas

tienda (f)	maqāze	مغازه
farmacia (f)	dāruxāne	داروخانه
óptica (f)	eynak foruši	عینک فروشی
centro (m) comercial	markaz-e tejāri	مرکز تجاری
supermercado (m)	supermārket	سوپرمارکت
panadería (f)	nānvāyi	نانوایی
panadero (m)	nānvā	نانوا
pastelería (f)	qannādi	قنادی
tienda (f) de comestibles	baqqāli	بقالی
carnicería (f)	gušt foruši	گوشت فروشی
verdulería (f)	sabzi foruši	سبزی فروشی
mercado (m)	bāzār	بازار
cafetería (f)	kāfe	کافه
restaurante (m)	resturān	رستوران
cervecería (f)	bār	بار
pizzería (f)	pitzā-foruši	پیتزا فروشی
peluquería (f)	ārāyešgāh	آرایشگاه
oficina (f) de correos	post	پست
tintorería (f)	xošk-šuyi	خشک‌شویی
estudio (m) fotográfico	ātolye-ye akkāsi	آتلیۀ عکاسی
zapatería (f)	kafš foruši	کفش فروشی
librería (f)	ketāb-foruši	کتاب فروشی
tienda (f) deportiva	maqāze-ye varzeši	مغازۀ ورزشی
arreglos (m pl) de ropa	ta'mir-e lebās	تعمیر لباس
alquiler (m) de ropa	kerāye-ye lebās	کرایۀ لباس
videoclub (m)	kerāye-ye film	کرایۀ فیلم
circo (m)	sirak	سیرک
zoológico (m)	bāq-e vahš	باغ وحش
cine (m)	sinamā	سینما
museo (m)	muze	موزه

biblioteca (f)	ketābxāne	کتابخانه
teatro (m)	teātr	تئاتر
ópera (f)	operā	اپرا
club (m) nocturno	kābāre	کاباره
casino (m)	kāzino	کازینو
mezquita (f)	masjed	مسجد
sinagoga (f)	kenešt	کنشت
catedral (f)	kelisā-ye jāme'	کلیسای جامع
templo (m)	ma'bad	معبد
iglesia (f)	kelisā	کلیسا
instituto (m)	anistito	انستیتو
universidad (f)	dānešgāh	دانشگاه
escuela (f)	madrese	مدرسه
prefectura (f)	ostāndāri	استانداری
alcaldía (f)	šahrdāri	شهرداری
hotel (m)	hotel	هتل
banco (m)	bānk	بانک
embajada (f)	sefārat	سفارت
agencia (f) de viajes	āžāns-e jahāngardi	آژانس جهانگردی
oficina (f) de información	daftar-e ettelāāt	دفتر اطلاعات
oficina (f) de cambio	sarrāfi	صرافی
metro (m)	metro	مترو
hospital (m)	bimārestān	بیمارستان
gasolinera (f)	pomp-e benzin	پمپ بنزین
aparcamiento (m)	pārking	پارکینگ

30. Los avisos

letrero (m) (~ luminoso)	tāblo	تابلو
cartel (m) (texto escrito)	nevešte	نوشته
pancarta (f)	poster	پوستر
señal (m) de dirección	rāhnamā	راهنما
flecha (f) (signo)	alāmat	علامت
advertencia (f)	ehtiyāt	احتیاط
aviso (m)	alāmat-e hošdār	علامت هشدار
advertir (vt)	hošdār dādan	هشدار دادن
día (m) de descanso	ruz-e ta'til	روز تعطیل
horario (m)	jadval	جدول
horario (m) de apertura	sā'athā-ye kāri	ساعت های کاری
¡BIENVENIDOS!	xoš āmadid	خوش آمدید
ENTRADA	vorud	ورود
SALIDA	xoruj	خروج
EMPUJAR	hel dādan	هل دادن
TIRAR	bekešid	بکشید

ABIERTO	bāz	باز
CERRADO	baste	بسته
MUJERES	zanāne	زنانه
HOMBRES	mardāne	مردانه
REBAJAS	taxfif	تخفیف
SALDOS	harāj	حراج
NOVEDAD	jadid	جدید
GRATIS	majjāni	مجانی
¡ATENCIÓN!	tavajjoh	توجه
COMPLETO	otāq-e xāli nadārim	اتاق خالی نداریم
RESERVADO	rezerv šode	رزرو شده
ADMINISTRACIÓN	edāre	اداره
SÓLO PERSONAL AUTORIZADO	xāse personel	خاص پرسنل
CUIDADO CON EL PERRO	movāzeb-e sag bāšid	مواظب سگ باشید
PROHIBIDO FUMAR	sigār kešidan mamnu’	سیگار کشیدن ممنوع
NO TOCAR	dast nazanid	دست نزنید
PELIGROSO	xatarnāk	خطرناک
PELIGRO	xatar	خطر
ALTA TENSIÓN	voltāj bālā	ولتاژ بالا
PROHIBIDO BAÑARSE	šenā mamnu‘	شنا ممنوع
NO FUNCIONA	xārāb	خراب
INFLAMABLE	qābel-e ehterāq	قابل احتراق
PROHIBIDO	mamnu‘	ممنوع
PROHIBIDO EL PASO	obur mamnu‘	عبور ممنوع
RECIÉN PINTADO	rang-e xis	رنگ خیس

31. Las compras

comprar (vt)	xarid kardan	خرید کردن
compra (f)	xarid	خرید
hacer compras	xarid kardan	خرید کردن
compras (f pl)	xarid	خرید
estar abierto (tienda)	bāz budan	باز بودن
estar cerrado	baste budan	بسته بودن
calzado (m)	kafš	کفش
ropa (f)	lebās	لباس
cosméticos (m pl)	lavāzem-e ārāyeši	لوازم آرایشی
productos alimenticios	mavādd-e qazāyi	مواد غذایی
regalo (m)	hedye	هدیه
vendedor (m)	forušande	فروشنده
vendedora (f)	forušande-ye zan	فروشنده زن
caja (f)	sanduq	صندوق
espejo (m)	āyene	آینه

| mostrador (m) | pišxān | پیشخوان |
| probador (m) | otāq porov | اتاق پرو |

probar (un vestido)	emtehān kardan	امتحان کردن
quedar (una ropa, etc.)	monāseb budan	مناسب بودن
gustar (vi)	dust dāštan	دوست داشتن

precio (m)	qeymat	قیمت
etiqueta (f) de precio	barčasb-e qeymat	برچسب قیمت
costar (vt)	qeymat dāštan	قیمت داشتن
¿Cuánto?	čeqadr?	چقدر؟
descuento (m)	taxfif	تخفیف

no costoso (adj)	arzān	ارزان
barato (adj)	arzān	ارزان
caro (adj)	gerān	گران
Es caro	gerān ast	گران است

alquiler (m)	kerāye	کرایه
alquilar (vt)	kerāye kardan	کرایه کردن
crédito (m)	vām	وام
a crédito (adv)	xarid-e e'tebāri	خرید اعتباری

LA ROPA Y LOS ACCESORIOS

32. La ropa exterior. Los abrigos

ropa (f)	lebās	لباس
ropa (f) de calle	lebās-e ru	لباس رو
ropa (f) de invierno	lebās-e zemestāni	لباس زمستانی
abrigo (m)	pāltow	پالتو
abrigo (m) de piel	pālto-ye pustin	پالتوی پوستین
abrigo (m) corto de piel	kot-e pustin	کت پوستین
chaqueta (f) plumón	kāpšan	کاپشن
cazadora (f)	kot	کت
impermeable (m)	bārāni	بارانی
impermeable (adj)	zed-e āb	ضد آب

33. Ropa de hombre y mujer

camisa (f)	pirāhan	پیراهن
pantalones (m pl)	šalvār	شلوار
jeans, vaqueros (m pl)	jin	جین
chaqueta (f), saco (m)	kot	کت
traje (m)	kat-o šalvār	کت و شلوار
vestido (m)	lebās	لباس
falda (f)	dāman	دامن
blusa (f)	boluz	بلوز
rebeca (f), chaqueta (f) de punto	jeliqe-ye kešbāf	جلیقه کشباف
chaqueta (f)	kot	کت
camiseta (f) (T-shirt)	tey šarr-at	تی شرت
pantalones (m pl) cortos	šalvarak	شلوارک
traje (m) deportivo	lebās-e varzeši	لباس ورزشی
bata (f) de baño	howle-ye hamām	حوله حمام
pijama (m)	pižāme	پیژامه
suéter (m)	poliver	پلیور
pulóver (m)	poliver	پلیور
chaleco (m)	jeliqe	جلیقه
frac (m)	kat-e dāman gerd	کت دامن گرد
esmoquin (m)	esmoking	اسموکینگ
uniforme (m)	oniform	اونیفورم
ropa (f) de trabajo	lebās-e kār	لباس کار
mono (m)	rupuš	روپوش
bata (f) (p. ej. ~ blanca)	rupuš	روپوش

34. La ropa. La ropa interior

ropa (f) interior	lebās-e zir	لباس زیر
bóxer (m)	šort-e bākser	شورت باکسر
bragas (f pl)	šort-e zanāne	شورت زنانه
camiseta (f) interior	zir-e pirāhan-i	زیر پیراهنی
calcetines (m pl)	jurāb	جوراب
camisón (m)	lebās-e xāb	لباس خواب
sostén (m)	sine-ye band	سینه بند
calcetines (m pl) altos	sāq	ساق
pantimedias (f pl)	jurāb-e šalvāri	جوراب شلواری
medias (f pl)	jurāb-e sāqeboland	جوراب ساقه بلند
traje (m) de baño	māyo	مایو

35. Gorras

gorro (m)	kolāh	کلاه
sombrero (m) de fieltro	šāpo	شاپو
gorra (f) de béisbol	kolāh beysbāl	کلاه بیس بال
gorra (f) plana	kolāh-e taxt	کلاه تخت
boina (f)	kolāh barre	کلاه بره
capuchón (m)	kolāh-e bārāni	کلاه بارانی
panamá (m)	kolāh-e dowre-ye boland	کلاه دوره بلند
gorro (m) de punto	kolāh-e bāftani	کلاه بافتنی
pañuelo (m)	rusari	روسری
sombrero (m) de mujer	kolāh-e zanāne	کلاه زنانه
casco (m) (~ protector)	kolāh-e imeni	کلاه ایمنی
gorro (m) de campaña	kolāh-e pādegān	کلاه پادگان
casco (m) (~ de moto)	kolāh-e imeni	کلاه ایمنی
bombín (m)	kolāh-e namadi	کلاه نمدی
sombrero (m) de copa	kolāh-e ostovānei	کلاه استوانه ای

36. El calzado

calzado (m)	kafš	کفش
botas (f pl)	putin	پوتین
zapatos (m pl) (~ de tacón bajo)	kafš	کفش
botas (f pl) altas	čakme	چکمه
zapatillas (f pl)	dampāyi	دمپایی
tenis (m pl)	kafš katān-i	کفش کتانی
zapatillas (f pl) de lona	kafš katān-i	کفش کتانی
sandalias (f pl)	sandal	صندل
zapatero (m)	kaffāš	کفاش
tacón (m)	pāšne-ye kafš	پاشنۀ کفش

43

par (m)	yek joft	یک جفت
cordón (m)	band-e kafš	بند کفش
encordonar (vt)	band-e kafš bastan	بند کفش بستن
calzador (m)	pāšne keš	پاشنه کش
betún (m)	vāks	واکس

37. Accesorios personales

guantes (m pl)	dastkeš	دستکش
manoplas (f pl)	dastkeš-e yek angošti	دستکش یک انگشتی
bufanda (f)	šāl-e gardan	شال گردن

gafas (f pl)	eynak	عینک
montura (f)	qāb	قاب
paraguas (m)	čatr	چتر
bastón (m)	asā	عصا
cepillo (m) de pelo	bores-e mu	برس مو
abanico (m)	bādbezan	بادبزن

corbata (f)	kerāvāt	کراوات
pajarita (f)	pāpiyon	پاپیون
tirantes (m pl)	band šalvār	بند شلوار
moquero (m)	dastmāl	دستمال

peine (m)	šāne	شانه
pasador (m) de pelo	sanjāq-e mu	سنجاق مو
horquilla (f)	sanjāq-e mu	سنجاق مو
hebilla (f)	sagak	سگک

| cinturón (m) | kamarband | کمربند |
| correa (f) (de bolso) | tasme | تسمه |

bolsa (f)	keyf	کیف
bolso (m)	keyf-e zanāne	کیف زنانه
mochila (f)	kule pošti	کولۀ پشتی

38. La ropa. Miscelánea

moda (f)	mod	مد
de moda (adj)	mod	مد
diseñador (m) de moda	tarrāh-e lebas	طراح لباس

cuello (m)	yaqe	یقه
bolsillo (m)	jib	جیب
de bolsillo (adj)	jibi	جیبی
manga (f)	āstin	آستین
presilla (f)	band-e āviz	بند آویز
bragueta (f)	zip	زیپ

cremallera (f)	zip	زیپ
cierre (m)	sagak	سگک
botón (m)	dokme	دکمه

| ojal (m) | surāx-e dokme | سوراخ دکمه |
| saltar (un botón) | kande šodan | کنده شدن |

coser (vi, vt)	duxtan	دوختن
bordar (vt)	golduzi kardan	گلدوزی کردن
bordado (m)	golduzi	گلدوزی
aguja (f)	suzan	سوزن
hilo (m)	nax	نخ
costura (f)	darz	درز

ensuciarse (vr)	kasif šodan	کثیف شدن
mancha (f)	lakke	لکه
arrugarse (vr)	čoruk šodan	چروک شدن
rasgar (vt)	pāre kardan	پاره کردن
polilla (f)	šab parre	شب پره

39. Productos personales. Cosméticos

pasta (f) de dientes	xamir-e dandān	خمیر دندان
cepillo (m) de dientes	mesvāk	مسواک
limpiarse los dientes	mesvāk zadan	مسواک زدن

maquinilla (f) de afeitar	tiq	تیغ
crema (f) de afeitar	kerem-e riš tarāši	کرم ریش تراشی
afeitarse (vr)	riš tarāšidan	ریش تراشیدن

| jabón (m) | sābun | صابون |
| champú (m) | šāmpu | شامپو |

tijeras (f pl)	qeyči	قیچی
lima (f) de uñas	sohan-e nāxon	سوهان ناخن
cortaúñas (m pl)	nāxon gir	ناخن گیر
pinzas (f pl)	mučin	موچین

cosméticos (m pl)	lavāzem-e ārāyeši	لوازم آرایشی
mascarilla (f)	māsk	ماسک
manicura (f)	mānikur	مانیکور
hacer la manicura	mānikur kardan	مانیکور کردن
pedicura (f)	pedikur	پدیکور

bolsa (f) de maquillaje	kife lavāzem-e ārāyeši	کیف لوازم آرایشی
polvos (m pl)	pudr	پودر
polvera (f)	ja'be-ye pudr	جعبة پودر
colorete (m), rubor (m)	sorxāb	سرخاب

perfume (m)	atr	عطر
agua (f) de tocador	atr	عطر
loción (f)	losiyon	لوسیون
agua (f) de Colonia	odkolon	اودکلن

sombra (f) de ojos	sāye-ye češm	سایه چشم
lápiz (m) de ojos	medād čašm	مداد چشم
rímel (m)	rimel	ریمل
pintalabios (m)	mātik	ماتیک

esmalte (m) de uñas	lāk-e nāxon	لاک ناخن
fijador (m) para el pelo	esperey-ye mu	اسپری مو
desodorante (m)	deodyrant	دئودورانت

crema (f)	kerem	کرم
crema (f) de belleza	kerem-e surat	کرم صورت
crema (f) de manos	kerem-e dast	کرم دست
crema (f) antiarrugas	kerem-e zedd-e čoruk	کرم ضد چروک
crema (f) de día	kerem-e ruz	کرم روز
crema (f) de noche	kerem-e šab	کرم شب
de día (adj)	ruzāne	روزانه
de noche (adj)	šab	شب

tampón (m)	tāmpon	تامپون
papel (m) higiénico	kāqaz-e tuālet	کاغذ توالت
secador (m) de pelo	sešovār	سشوار

40. Los relojes

reloj (m)	sāʿat-e moči	ساعت مچی
esfera (f)	safhe-ye sāʿat	صفحهٔ ساعت
aguja (f)	aqrabe	عقربه
pulsera (f)	band-e sāat	بند ساعت
correa (f) (del reloj)	band-e čarmi	بند چرمی

pila (f)	bātri	باطری
descargarse (vr)	tamām šodan bātri	تمام شدن باتری
cambiar la pila	bātri avaz kardan	باطری عوض کردن
adelantarse (vr)	jelo oftādan	جلو افتادن
retrasarse (vr)	aqab māndan	عقب ماندن

reloj (m) de pared	sāʿat-e divāri	ساعت دیواری
reloj (m) de arena	sāʿat-e šeni	ساعت شنی
reloj (m) de sol	sāʿat-e āftābi	ساعت آفتابی
despertador (m)	sāʿat-e zang dār	ساعت زنگ دار
relojero (m)	sāʿat sāz	ساعت ساز
reparar (vt)	taʿmir kardan	تعمیر کردن

LA EXPERIENCIA DIARIA

41. El dinero

dinero (m)	pul	پول
cambio (m)	tabdil-e arz	تبدیل ارز
curso (m)	nerx-e arz	نرخ ارز
cajero (m) automático	xodpardāz	خودپرداز
moneda (f)	sekke	سکه
dólar (m)	dolār	دلار
euro (m)	yuro	یورو
lira (f)	lire	لیره
marco (m) alemán	mārk	مارک
franco (m)	farānak	فرانک
libra esterlina (f)	pond-e esterling	پوند استرلینگ
yen (m)	yen	ین
deuda (f)	qarz	قرض
deudor (m)	bedehkār	بدهکار
prestar (vt)	qarz dādan	قرض دادن
tomar prestado	qarz gereftan	قرض گرفتن
banco (m)	bānk	بانک
cuenta (f)	hesāb-e bānki	حساب بانکی
ingresar (~ en la cuenta)	rixtan	ریختن
ingresar en la cuenta	be hesāb rixtan	به حساب ریختن
sacar de la cuenta	az hesāb bardāštan	از حساب برداشتن
tarjeta (f) de crédito	kārt-e e'tebāri	کارت اعتباری
dinero (m) en efectivo	pul-e naqd	پول نقد
cheque (m)	ček	چک
sacar un cheque	ček neveštan	چک نوشتن
talonario (m)	daste-ye ček	دسته چک
cartera (f)	kif-e pul	کیف پول
monedero (m)	kif-e pul	کیف پول
caja (f) fuerte	gāvsanduq	گاوصندوق
heredero (m)	vāres	وارث
herencia (f)	mirās	میراث
fortuna (f)	dārāyi	دارایی
arriendo (m)	ejāre	اجاره
alquiler (m) (dinero)	kerāye-ye xāne	کرایۀ خانه
alquilar (~ una casa)	ejāre kardan	اجاره کردن
precio (m)	qeymat	قیمت
coste (m)	arzeš	ارزش

suma (f)	jam'-e kol	جمع کل
gastar (vt)	xarj kardan	خرج کردن
gastos (m pl)	maxārej	مخارج
economizar (vi, vt)	sarfeju-yi kardan	صرفه جویی کردن
económico (adj)	maqrun besarfe	مقرون به صرفه
pagar (vi, vt)	pardāxtan	پرداختن
pago (m)	pardāxt	پرداخت
cambio (m) (devolver el ~)	pul-e xerad	پول خرد
impuesto (m)	māliyāt	مالیات
multa (f)	jarime	جریمه
multar (vt)	jarime kardan	جریمه کردن

42. La oficina de correos

oficina (f) de correos	post	پست
correo (m) (cartas, etc.)	post	پست
cartero (m)	nāme resān	نامه رسان
horario (m) de apertura	sā'athā-ye kāri	ساعت های کاری
carta (f)	nāme	نامه
carta (f) certificada	nāme-ye sefāreši	نامه سفارشی
tarjeta (f) postal	kārt-e postāl	کارت پستال
telegrama (m)	telegrām	تلگرام
paquete (m) postal	baste posti	بسته پستی
giro (m) postal	havāle	حواله
recibir (vt)	gereftan	گرفتن
enviar (vt)	ferestādan	فرستادن
envío (m)	ersāl	ارسال
dirección (f)	nešāni	نشانی
código (m) postal	kod-e posti	کد پستی
expedidor (m)	ferestande	فرستنده
destinatario (m)	girande	گیرنده
nombre (m)	esm	اسم
apellido (m)	nām-e xānevādegi	نام خانوادگی
tarifa (f)	ta'refe	تعرفه
ordinario (adj)	ādi	عادی
económico (adj)	ādi	عادی
peso (m)	vazn	وزن
pesar (~ una carta)	vazn kardan	وزن کردن
sobre (m)	pākat	پاکت
sello (m)	tambr	تمبر
poner un sello	tamr zadan	تمبر زدن

43. La banca

banco (m)	bānk	بانک
sucursal (f)	šo'be	شعبه

| consultor (m) | mošāver | مشاور |
| gerente (m) | modir | مدیر |

cuenta (f)	hesāb-e bānki	حساب بانکی
numero (m) de la cuenta	šomāre-ye hesāb	شمارهٔ حساب
cuenta (f) corriente	hesāb-e jāri	حساب جاری
cuenta (f) de ahorros	hesāb-e pasandāz	حساب پس انداز

abrir una cuenta	hesāb-e bāz kardan	حساب باز کردن
cerrar la cuenta	hesāb rā bastan	حساب را بستن
ingresar en la cuenta	be hesāb rixtan	به حساب ریختن
sacar de la cuenta	az hesāb bardāštan	از حساب برداشتن

depósito (m)	seporde	سپرده
hacer un depósito	seporde gozāštan	سپرده گذاشتن
giro (m) bancario	enteqāl	انتقال
hacer un giro	enteqāl dādan	انتقال دادن

| suma (f) | jam'-e kol | جمع کل |
| ¿Cuánto? | čeqadr? | چقدر؟ |

| firma (f) (nombre) | emzā' | امضاء |
| firmar (vt) | emzā kardan | امضا کردن |

tarjeta (f) de crédito	kārt-e e'tebāri	کارت اعتباری
código (m)	kod	کد
número (m) de tarjeta de crédito	šomāre-ye kārt-e e'tebāri	شماره کارت اعتباری

| cajero (m) automático | xodpardāz | خودپرداز |

cheque (m)	ček	چک
sacar un cheque	ček neveštan	چک نوشتن
talonario (m)	daste-ye ček	دسته چک

crédito (m)	e'tebār	اعتبار
pedir el crédito	darxāst-e vam kardan	درخواست وام کردن
obtener un crédito	vām gereftan	وام گرفتن
conceder un crédito	vām dādan	وام دادن
garantía (f)	zemānat	ضمانت

44. El teléfono. Las conversaciones telefónicas

teléfono (m)	telefon	تلفن
teléfono (m) móvil	telefon-e hamrāh	تلفن همراه
contestador (m)	monši-ye telefoni	منشی تلفنی

| llamar, telefonear | telefon zadan | تلفن زدن |
| llamada (f) | tamās-e telefoni | تماس تلفنی |

marcar un número	šomāre gereftan	شماره گرفتن
¿Sí?, ¿Dígame?	alo!	الو!
preguntar (vt)	porsidan	پرسیدن
responder (vi, vt)	javāb dādan	جواب دادن
oír (vt)	šenidan	شنیدن

bien (adv)	xub	خوب
mal (adv)	bad	بد
ruidos (m pl)	sedā	صدا
auricular (m)	guši	گوشی
descolgar (el teléfono)	guši rā bar dāštan	گوشی را برداشتن
colgar el auricular	guši rā gozāštan	گوشی را گذاشتن
ocupado (adj)	mašqul	مشغول
sonar (teléfono)	zang zadan	زنگ زدن
guía (f) de teléfonos	daftar-e telefon	دفتر تلفن
local (adj)	mahalli	محلی
llamada (f) local	telefon-e dāxeli	تلفن داخلی
de larga distancia	beyn-e šahri	بین شهری
llamada (f) de larga distancia	telefon-e beyn-e šahri	تلفن بین شهری
internacional (adj)	beynolmelali	بین المللی
llamada (f) internacional	telefon-e beynolmelali	تلفن بین المللی

45. El teléfono celular

teléfono (m) móvil	telefon-e hamrāh	تلفن همراه
pantalla (f)	namāyešgar	نمایشگر
botón (m)	dokme	دکمه
tarjeta SIM (f)	sim-e kārt	سیم کارت
pila (f)	bātri	باطری
descargarse (vr)	tamām šodan bātri	تمام شدن باتری
cargador (m)	šāržer	شارژ
menú (m)	meno	منو
preferencias (f pl)	tanzimāt	تنظیمات
melodía (f)	āhang	آهنگ
seleccionar (vt)	entexāb kardan	انتخاب کردن
calculadora (f)	māšin-e hesāb	ماشین حساب
contestador (m)	monši-ye telefoni	منشی تلفنی
despertador (m)	sā'at-e zang dār	ساعت زنگ دار
contactos (m pl)	daftar-e telefon	دفتر تلفن
mensaje (m) de texto	payāmak	پیامک
abonado (m)	moštarek	مشترک

46. Los artículos de escritorio. La papelería

bolígrafo (m)	xodkār	خودکار
pluma (f) estilográfica	xodnevis	خودنویس
lápiz (m)	medād	مداد
marcador (m)	māžik	ماژیک
rotulador (m)	māžik	ماژیک
bloc (m) de notas	daftar-e yāddāšt	دفتر یادداشت

agenda (f)	daftar-e yāddāšt	دفتر یادداشت
regla (f)	xat keš	خط کش
calculadora (f)	mãšin-e hesāb	ماشین حساب
goma (f) de borrar	pāk kon	پاک کن
chincheta (f)	punez	پونز
clip (m)	gire	گیره

cola (f), pegamento (m)	časb	چسب
grapadora (f)	mangane-ye zan	منگنه زن
perforador (m)	pānč	پانچ
sacapuntas (m)	madād-e tarāš	مداد تراش

47. Los idiomas extranjeros

lengua (f)	zabān	زبان
extranjero (adj)	xāreji	خارجی
lengua (f) extranjera	zabān-e xāreji	زبان خارجی
estudiar (vt)	dars xāndan	درس خواندن
aprender (ingles, etc.)	yād gereftan	یاد گرفتن

leer (vi, vt)	xāndan	خواندن
hablar (vi, vt)	harf zadan	حرف زدن
comprender (vt)	fahmidan	فهمیدن
escribir (vt)	neveštan	نوشتن

rápidamente (adv)	sariʿ	سریع
lentamente (adv)	āheste	آهسته
con fluidez (adv)	ravān	روان

reglas (f pl)	qavāʿed	قواعد
gramática (f)	gerāmer	گرامر
vocabulario (m)	vājegān	واژگان
fonética (f)	āvā-šenāsi	آواشناسی

manual (m)	ketāb-e darsi	کتاب درسی
diccionario (m)	farhang-e loqat	فرهنگ لغت
manual (m) autodidáctico	xod-āmuz	خودآموز
guía (f) de conversación	ketāb-e mokāleme	کتاب مکالمه

casete (m)	kāst	کاست
videocasete (f)	kāst-e video	کاست ویدئو
disco compacto, CD (m)	si-di	سیدی
DVD (m)	dey vey dey	دی وی دی

alfabeto (m)	alefbā	الفبا
deletrear (vt)	heji kardan	هجی کردن
pronunciación (f)	talaffoz	تلفظ

acento (m)	lahje	لهجه
con acento	bā lahje	با لهجه
sin acento	bi lahje	بی لهجه

| palabra (f) | kalame | کلمه |
| significado (m) | maʿni | معنی |

cursos (m pl)	dowre	دوره
inscribirse (vr)	nām-nevisi kardan	نام نویسی کردن
profesor (m) (~ de inglés)	ostād	استاد
traducción (f) (proceso)	tarjome	ترجمه
traducción (f) (texto)	tarjome	ترجمه
traductor (m)	motarjem	مترجم
intérprete (m)	motarjem-e šafāhi	مترجم شفاهی
políglota (m)	čand zabāni	چند زبانی /
memoria (f)	hāfeze	حافظه

LAS COMIDAS. EL RESTAURANTE

48. Los cubiertos

cuchara (f)	qāšoq	قاشق
cuchillo (m)	kārd	کارد
tenedor (m)	čangāl	چنگال
taza (f)	fenjān	فنجان
plato (m)	bošqāb	بشقاب
platillo (m)	naʻlbeki	نعلبکی
servilleta (f)	dastmāl	دستمال
mondadientes (m)	xelāl-e dandān	خلال دندان

49. El restaurante

restaurante (m)	resturān	رستوران
cafetería (f)	kāfe	کافه
bar (m)	bār	بار
salón (m) de té	qahve xāne	قهوه خانه
camarero (m)	pišxedmat	پیشخدمت
camarera (f)	pišxedmat	پیشخدمت
barman (m)	motesaddi-ye bār	متصدی بار
carta (f), menú (m)	meno	منو
carta (f) de vinos	kārt-e šarāb	کارت شراب
reservar una mesa	miz rezerv kardan	میز رزرو کردن
plato (m)	qazā	غذا
pedir (vt)	sefāreš dādan	سفارش دادن
hacer un pedido	sefāreš dādan	سفارش دادن
aperitivo (m)	mašrub-e piš qazā	مشروب پیش غذا
entremés (m)	piš qazā	پیش غذا
postre (m)	deser	دسر
cuenta (f)	surat hesāb	صورت حساب
pagar la cuenta	surat-e hesāb rā pardāxtan	صورت حساب را پرداختن
dar la vuelta	baqiye rā dādan	بقیه را دادن
propina (f)	anʻām	انعام

50. Las comidas

comida (f)	qazā	غذا
comer (vi, vt)	xordan	خوردن

desayuno (m)	sobhāne	صبحانه
desayunar (vi)	sobhāne xordan	صبحانه خوردن
almuerzo (m)	nāhār	ناهار
almorzar (vi)	nāhār xordan	ناهار خوردن
cena (f)	šām	شام
cenar (vi)	šām xordan	شام خوردن

| apetito (m) | eštehā | اشتها |
| ¡Que aproveche! | nuš-e jān | نوش جان |

abrir (vt)	bāz kardan	باز کردن
derramar (líquido)	rixtan	ریختن
derramarse (líquido)	rixtan	ریختن

hervir (vi)	jušidan	جوشیدن
hervir (vt)	jušāndan	جوشاندن
hervido (agua ~a)	jušide	جوشیده
enfriar (vt)	sard kardan	سرد کردن
enfriarse (vr)	sard šodan	سرد شدن

| sabor (m) | maze | مزه |
| regusto (m) | maze | مزه |

adelgazar (vi)	lāqar kardan	لاغر کردن
dieta (f)	režim	رژیم
vitamina (f)	vitāmin	ویتامین
caloría (f)	kālori	کالری
vegetariano (m)	giyāh xār	گیاه خوار
vegetariano (adj)	giyāh xāri	گیاه خواری

grasas (f pl)	čarbi-hā	چربی ها
proteínas (f pl)	porotein	پروتئین
carbohidratos (m pl)	karbohidrāt-hā	کربو هیدرات ها

loncha (f)	qet'e	قطعه
pedazo (m)	tekke	تکه
miga (f)	zarre	ذره

51. Los platos

plato (m)	qazā	غذا
cocina (f)	qazā	غذا
receta (f)	dastur-e poxt	دستور پخت
porción (f)	pors	پرس

| ensalada (f) | sālād | سالاد |
| sopa (f) | sup | سوپ |

caldo (m)	pāye-ye sup	پایه سوپ
bocadillo (m)	sāndevič	ساندویچ
huevos (m pl) fritos	nimru	نیمرو

| hamburguesa (f) | hamberger | همبرگر |
| bistec (m) | esteyk | استیک |

guarnición (f)	moxallafāt	مخلفات
espagueti (m)	espāgeti	اسپاگتی
puré (m) de patatas	pure-ye sibi zamini	پورۀ سیب زمینی
pizza (f)	pitzā	پیتزا
gachas (f pl)	šurbā	شوربا
tortilla (f) francesa	ommol-at	املت
cocido en agua (adj)	āb paz	آب پز
ahumado (adj)	dudi	دودی
frito (adj)	sorx šode	سرخ شده
seco (adj)	xošk	خشک
congelado (adj)	yax zade	یخ زده
marinado (adj)	torši	ترشی
azucarado, dulce (adj)	širin	شیرین
salado (adj)	šur	شور
frío (adj)	sard	سرد
caliente (adj)	dāq	داغ
amargo (adj)	talx	تلخ
sabroso (adj)	xoš mazze	خوش مزه
cocer en agua	poxtan	پختن
preparar (la cena)	poxtan	پختن
freír (vt)	sorx kardan	سرخ کردن
calentar (vt)	garm kardan	گرم کردن
salar (vt)	namak zadan	نمک زدن
poner pimienta	felfel pāšidan	فلفل پاشیدن
rallar (vt)	rande kardan	رنده کردن
piel (f)	pust	پوست
pelar (vt)	pust kandan	پوست کندن

52. La comida

carne (f)	gušt	گوشت
gallina (f)	morq	مرغ
pollo (m)	juje	جوجه
pato (m)	ordak	اردک
ganso (m)	qāz	غاز
caza (f) menor	gušt-e šekār	گوشت شکار
pava (f)	gušt-e buqalamun	گوشت بوقلمون
carne (f) de cerdo	gušt-e xuk	گوشت خوک
carne (f) de ternera	gušt-e gusāle	گوشت گوساله
carne (f) de carnero	gušt-e gusfand	گوشت گوسفند
carne (f) de vaca	gušt-e gāv	گوشت گاو
conejo (m)	xarguš	خرگوش
salchichón (m)	kālbās	کالباس
salchicha (f)	sosis	سوسیس
beicon (m)	beykon	بیکن
jamón (m)	žāmbon	ژامبون
jamón (m) fresco	rān xuk	ران خوک
paté (m)	pāte	پاته

hígado (m)	jegar	جگر
carne (f) picada	hamberger	همبرگر
lengua (f)	zabān	زبان
huevo (m)	toxm-e morq	تخم مرغ
huevos (m pl)	toxm-e morq-ha	تخم مرغ ها
clara (f)	sefide-ye toxm-e morq	سفیده تخم مرغ
yema (f)	zarde-ye toxm-e morq	زرده تخم مرغ
pescado (m)	māhi	ماهی
mariscos (m pl)	qazā-ye daryāyi	غذای دریایی
crustáceos (m pl)	saxtpustān	سختپوستان
caviar (m)	xāviār	خاویار
cangrejo (m) de mar	xarčang	خرچنگ
camarón (m)	meygu	میگو
ostra (f)	sadaf-e xorāki	صدف خوراکی
langosta (f)	xarčang-e xārdār	خرچنگ خاردار
pulpo (m)	hašt pā	هشت پا
calamar (m)	māhi-ye morakkab	ماهی مرکب
esturión (m)	māhi-ye xāviār	ماهی خاویار
salmón (m)	māhi-ye salemon	ماهی سالمون
fletán (m)	halibut	هالیبوت
bacalao (m)	māhi-ye rowqan	ماهی روغن
caballa (f)	māhi-ye esqumeri	ماهی اسقومری
atún (m)	tan māhi	تن ماهی
anguila (f)	mārmāhi	مارماهی
trucha (f)	māhi-ye qezelālā	ماهی قزل آلا
sardina (f)	sārdin	ساردین
lucio (m)	ordak māhi	اردک ماهی
arenque (m)	māhi-ye šur	ماهی شور
pan (m)	nān	نان
queso (m)	panir	پنیر
azúcar (m)	qand	قند
sal (f)	namak	نمک
arroz (m)	berenj	برنج
macarrones (m pl)	mākāroni	ماکارونی
tallarines (m pl)	rešte-ye farangi	رشته فرنگی
mantequilla (f)	kare	کره
aceite (m) vegetal	rowqan-e nabāti	روغن نباتی
aceite (m) de girasol	rowqan āftābgardān	روغن آفتاب گردان
margarina (f)	mārgārin	مارگارین
olivas, aceitunas (f pl)	zeytun	زیتون
aceite (m) de oliva	rowqan-e zeytun	روغن زیتون
leche (f)	šir	شیر
leche (f) condensada	šir-e čegāl	شیر چگال
yogur (m)	mās-at	ماست
nata (f) agria	xāme-ye torš	خامهٔ ترش

nata (f) líquida	saršir	سرشیر
mayonesa (f)	māyonez	مایونز
crema (f) de mantequilla	xāme	خامه
cereales (m pl) integrales	hobubāt	حبوبات
harina (f)	ārd	آرد
conservas (f pl)	konserv-hā	کنسرو ها
copos (m pl) de maíz	bereštuk	برشتوک
miel (f)	asal	عسل
confitura (f)	morabbā	مربا
chicle (m)	ādāms	آدامس

53. Las bebidas

agua (f)	āb	آب
agua (f) potable	āb-e āšāmidani	آب آشامیدنی
agua (f) mineral	āb-e ma'dani	آب معدنی
sin gas	bedun-e gāz	بدون گاز
gaseoso (adj)	gāzdār	گازدار
con gas	gāzdār	گازدار
hielo (m)	yax	یخ
con hielo	yax dār	یخ دار
sin alcohol	bi alkol	بی الکل
bebida (f) sin alcohol	nušābe-ye bi alkol	نوشابهٔ بی الکل
refresco (m)	nušābe-ye xonak	نوشابهٔ خنک
limonada (f)	limunād	لیموناد
bebidas (f pl) alcohólicas	mašrubāt-e alkoli	مشروبات الکلی
vino (m)	šarāb	شراب
vino (m) blanco	šarāb-e sefid	شراب سفید
vino (m) tinto	šarāb-e sorx	شراب سرخ
licor (m)	likor	لیکور
champaña (f)	šāmpāyn	شامپاین
vermú (m)	vermut	ورموت
whisky (m)	viski	ویسکی
vodka (m)	vodkā	ودکا
ginebra (f)	jin	جین
coñac (m)	konyāk	کنیاک
ron (m)	araq-e neyšekar	عرق نیشکر
café (m)	qahve	قهوه
café (m) solo	qahve-ye talx	قهوهٔ تلخ
café (m) con leche	šir-qahve	شیرقهوه
capuchino (m)	kāpočino	کاپوچینو
café (m) soluble	qahve-ye fowri	قهوه فوری
leche (f)	šir	شیر
cóctel (m)	kuktel	کوکتل
batido (m)	kuktele šir	کوکتل شیر

zumo (m), jugo (m)	āb-e mive	آب میوه
jugo (m) de tomate	āb-e gowjefarangi	آب گوجه فرنگی
zumo (m) de naranja	āb-e porteqāl	آب پرتقال
zumo (m) fresco	āb-e mive-ye taze	آب میوۀ تازه
cerveza (f)	ābejow	آبجو
cerveza (f) rubia	ābejow-ye sabok	آبجوی سبک
cerveza (f) negra	ābejow-ye tire	آبجوی تیره
té (m)	čāy	چای
té (m) negro	čāy-e siyāh	چای سیاه
té (m) verde	čāy-e sabz	چای سبز

54. Las verduras

legumbres (f pl)	sabzijāt	سبزیجات
verduras (f pl)	sabzi	سبزی
tomate (m)	gowje farangi	گوجه فرنگی
pepino (m)	xiyār	خیار
zanahoria (f)	havij	هویج
patata (f)	sib zamini	سیب زمینی
cebolla (f)	piyāz	پیاز
ajo (m)	sir	سیر
col (f)	kalam	کلم
coliflor (f)	gol kalam	گل کلم
col (f) de Bruselas	koll-am boruksel	کلم بروکسل
brócoli (m)	kalam borokli	کلم بروکلی
remolacha (f)	čoqondar	چغندر
berenjena (f)	bādenjān	بادنجان
calabacín (m)	kadu sabz	کدو سبز
calabaza (f)	kadu tanbal	کدو تنبل
nabo (m)	šalqam	شلغم
perejil (m)	ja'fari	جعفری
eneldo (m)	šavid	شوید
lechuga (f)	kāhu	کاهو
apio (m)	karafs	کرفس
espárrago (m)	mārčube	مارچوبه
espinaca (f)	esfenāj	اسفناج
guisante (m)	noxod	نخود
habas (f pl)	lubiyā	لوبیا
maíz (m)	zorrat	ذرت
fréjol (m)	lubiyā qermez	لوبیا قرمز
pimiento (m) dulce	felfel	فلفل
rábano (m)	torobče	تربچه
alcachofa (f)	kangar farangi	کنگرفرنگی

55. Las frutas. Las nueces

fruto (m)	mive	میوه
manzana (f)	sib	سیب
pera (f)	golābi	گلابی
limón (m)	limu	لیمو
naranja (f)	porteqāl	پرتقال
fresa (f)	tut-e farangi	توت فرنگی
mandarina (f)	nārengi	نارنگی
ciruela (f)	ālu	آلو
melocotón (m)	holu	هلو
albaricoque (m)	zardālu	زردآلو
frambuesa (f)	tamešk	تمشک
piña (f)	ānānās	آناناس
banana (f)	mowz	موز
sandía (f)	hendevāne	هندوانه
uva (f)	angur	انگور
guinda (f)	ālbālu	آلبالو
cereza (f)	gilās	گیلاس
melón (m)	xarboze	خربزه
pomelo (m)	gerip forut	گریپ فوروت
aguacate (m)	āvokādo	اووکادو
papaya (f)	pāpāyā	پاپایا
mango (m)	anbe	انبه
granada (f)	anār	انار
grosella (f) roja	angur-e farangi-ye sorx	انگور فرنگی سرخ
grosella (f) negra	angur-e farangi-ye siyāh	انگور فرنگی سیاه
grosella (f) espinosa	angur-e farangi	انگور فرنگی
arándano (m)	zoqāl axte	زغال اخته
zarzamoras (f pl)	šāh tut	شاه توت
pasas (f pl)	kešmeš	کشمش
higo (m)	anjir	انجیر
dátil (m)	xormā	خرما
cacahuete (m)	bādām zamin-i	بادام زمینی
almendra (f)	bādām	بادام
nuez (f)	gerdu	گردو
avellana (f)	fandoq	فندق
nuez (f) de coco	nārgil	نارگیل
pistachos (m pl)	peste	پسته

56. El pan. Los dulces

pasteles (m pl)	širini jāt	شیرینی جات
pan (m)	nān	نان
galletas (f pl)	biskuit	بیسکویت
chocolate (m)	šokolāt	شکلات
de chocolate (adj)	šokolāti	شکلاتی

caramelo (m)	āb nabāt	آب نبات
tarta (f) (pequeña)	nān-e širini	نان شیرینی
tarta (f) (~ de cumpleaños)	širini	شیرینی
tarta (f) (~ de manzana)	keyk	کیک
relleno (m)	čāšni	چاشنی
confitura (f)	morabbā	مربا
mermelada (f)	mārmālād	مارمالاد
gofre (m)	vāfel	وافل
helado (m)	bastani	بستنی
pudin (m)	puding	پودینگ

57. Las especias

sal (f)	namak	نمک
salado (adj)	šur	شور
salar (vt)	namak zadan	نمک زدن
pimienta (f) negra	felfel-e siyāh	فلفل سیاه
pimienta (f) roja	felfel-e sorx	فلفل سرخ
mostaza (f)	xardal	خردل
rábano (m) picante	torob-e kuhi	ترب کوهی
condimento (m)	adviye	ادویه
especia (f)	adviye	ادویه
salsa (f)	ses	سس
vinagre (m)	serke	سرکه
anís (m)	rāziyāne	رازیانه
albahaca (f)	reyhān	ریحان
clavo (m)	mixak	میخک
jengibre (m)	zanjefil	زنجفیل
cilantro (m)	gešniz	گشنیز
canela (f)	dārčin	دارچین
sésamo (m)	konjed	کنجد
hoja (f) de laurel	barg-e bu	برگ بو
paprika (f)	paprika	پاپریکا
comino (m)	zire	زیره
azafrán (m)	za'ferān	زعفران

LA INFORMACIÓN PERSONAL. LA FAMILIA

58. La información personal. Los formularios

nombre (m)	esm	اسم
apellido (m)	nām-e xānevādegi	نام خانوادگی
fecha (f) de nacimiento	tārix-e tavallod	تاریخ تولد
lugar (m) de nacimiento	mahall-e tavallod	محل تولد
nacionalidad (f)	melliyat	ملیت
domicilio (m)	mahall-e sokunat	محل سکونت
país (m)	kešvar	کشور
profesión (f)	šoql	شغل
sexo (m)	jens	جنس
estatura (f)	qad	قد
peso (m)	vazn	وزن

59. Los familiares. Los parientes

madre (f)	mādar	مادر
padre (m)	pedar	پدر
hijo (m)	pesar	پسر
hija (f)	doxtar	دختر
hija (f) menor	doxtar-e kučak	دختر کوچک
hijo (m) menor	pesar-e kučak	پسر کوچک
hija (f) mayor	doxtar-e bozorg	دختر بزرگ
hijo (m) mayor	pesar-e bozorg	پسر بزرگ
hermano (m)	barādar	برادر
hermano (m) mayor	barādar-e bozorg	برادر بزرگ
hermano (m) menor	barādar-e kučak	برادر کوچک
hermana (f)	xāhar	خواهر
hermana (f) mayor	xāhar-e bozorg	خواهر بزرگ
hermana (f) menor	xāhar-e kučak	خواهر کوچک
primo (m)	pesar 'amu	پسر عمو
prima (f)	doxtar amu	دخترعمو
mamá (f)	māmān	مامان
papá (m)	bābā	بابا
padres (pl)	vāledeyn	والدین
niño -a (m, f)	kudak	کودک
niños (pl)	bače-hā	بچه ها
abuela (f)	mādarbozorg	مادربزرگ
abuelo (m)	pedar-bozorg	پدربزرگ

nieto (m)	nave	نوه
nieta (f)	nave	نوه
nietos (pl)	nave-hā	نوه ها
tío (m)	amu	عمو
tía (f)	xāle yā amme	خاله یا عمه
sobrino (m)	barādar-zāde	برادرزاده
sobrina (f)	xāhar-zāde	خواهرزاده
suegra (f)	mādarzan	مادرزن
suegro (m)	pedar-šowhar	پدرشوهر
yerno (m)	dāmād	داماد
madrastra (f)	nāmādari	نامادری
padrastro (m)	nāpedari	ناپدری
niño (m) de pecho	nowzād	نوزاد
bebé (m)	širxār	شیرخوار
chico (m)	pesar-e kučulu	پسر کوچولو
mujer (f)	zan	زن
marido (m)	šowhar	شوهر
esposo (m)	hamsar	همسر
esposa (f)	hamsar	همسر
casado (adj)	mote'ahhel	متاهل
casada (adj)	mote'ahhel	متاهل
soltero (adj)	mojarrad	مجرد
soltero (m)	mojarrad	مجرد
divorciado (adj)	talāq gerefte	طلاق گرفته
viuda (f)	bive zan	بیوه زن
viudo (m)	bive	بیوه
pariente (m)	xišāvand	خویشاوند
pariente (m) cercano	aqvām-e nazdik	اقوام نزدیک
pariente (m) lejano	aqvām-e dur	اقوام دور
parientes (pl)	aqvām	اقوام
huérfano (m), huérfana (f)	yatim	یتیم
tutor (m)	qayyem	قیم
adoptar (un niño)	be pesari gereftan	به پسری گرفتن
adoptar (una niña)	be doxtari gereftan	به دختری گرفتن

60. Los amigos. Los compañeros del trabajo

amigo (m)	dust	دوست
amiga (f)	dust	دوست
amistad (f)	dusti	دوستی
ser amigo	dust budan	دوست بودن
amigote (m)	rafiq	رفیق
amiguete (f)	rafiq	رفیق
compañero (m)	šarik	شریک
jefe (m)	ra'is	رئیس
superior (m)	ra'is	رئیس

propietario (m)	sāheb	صاحب
subordinado (m)	zirdast	زیردست
colega (m, f)	hamkār	همکار

conocido (m)	āšnā	آشنا
compañero (m) de viaje	hamsafar	همسفر
condiscípulo (m)	ham kelās	هم کلاس

vecino (m)	hamsāye	همسایه
vecina (f)	hamsāye	همسایه
vecinos (pl)	hamsāye-hā	همسایه ها

EL CUERPO. LA MEDICINA

61. La cabeza

cabeza (f)	sar	سر
cara (f)	surat	صورت
nariz (f)	bini	بینی
boca (f)	dahān	دهان
ojo (m)	češm	چشم
ojos (m pl)	češm-hā	چشم ها
pupila (f)	mardomak	مردمک
ceja (f)	abru	ابرو
pestaña (f)	može	مژه
párpado (m)	pelek	پلک
lengua (f)	zabān	زبان
diente (m)	dandān	دندان
labios (m pl)	lab-hā	لب ها
pómulos (m pl)	ostexānhā-ye gune	استخوان های گونه
encía (f)	lase	لثه
paladar (m)	saqf-e dahān	سقف دهان
ventanas (f pl)	surāxhā-ye bini	سوراخ های بینی
mentón (m)	čāne	چانه
mandíbula (f)	fak	فک
mejilla (f)	gune	گونه
frente (f)	pišāni	پیشانی
sien (f)	gijgāh	گیجگاه
oreja (f)	guš	گوش
nuca (f)	pas gardan	پس گردن
cuello (m)	gardan	گردن
garganta (f)	galu	گلو
pelo, cabello (m)	mu-hā	مو ها
peinado (m)	model-e mu	مدل مو
corte (m) de pelo	model-e mu	مدل مو
peluca (f)	kolāh-e gis	کلاه گیس
bigote (m)	sebil	سبیل
barba (f)	riš	ریش
tener (~ la barba)	gozāštan	گذاشتن
trenza (f)	muy-ye bāfte	موی بافته
patillas (f pl)	xatt-e riš	خط ریش
pelirrojo (adj)	muqermez	موقرمز
gris, canoso (adj)	sefid-e mu	سفید مو
calvo (adj)	tās	طاس
calva (f)	tāsi	طاسی

| cola (f) de caballo | dom-e asbi | دم اسبی |
| flequillo (m) | čatri | چتری |

62. El cuerpo

| mano (f) | dast | دست |
| brazo (m) | bāzu | بازو |

dedo (m)	angošt	انگشت
dedo (m) del pie	šast-e pā	شصت پا
dedo (m) pulgar	šost	شست
dedo (m) meñique	angošt-e kučak	انگشت کوچک
uña (f)	nāxon	ناخن

puño (m)	mošt	مشت
palma (f)	kaf-e dast	کف دست
muñeca (f)	moč-e dast	مچ دست
antebrazo (m)	sā'ed	ساعد
codo (m)	āranj	آرنج
hombro (m)	ketf	کتف

pierna (f)	pā	پا
planta (f)	pā	پا
rodilla (f)	zānu	زانو
pantorrilla (f)	sāq	ساق
cadera (f)	rān	ران
talón (m)	pāšne-ye pā	پاشنهٔ پا

cuerpo (m)	badan	بدن
vientre (m)	šekam	شکم
pecho (m)	sine	سینه
seno (m)	sine	سینه
lado (m), costado (m)	pahlu	پهلو
espalda (f)	pošt	پشت
zona (f) lumbar	kamar	کمر
cintura (f), talle (m)	dur-e kamar	دور کمر

ombligo (m)	nāf	ناف
nalgas (f pl)	nešiman-e gāh	نشیمن گاه
trasero (m)	bāsan	باسن

lunar (m)	xāl	خال
marca (f) de nacimiento	xāl-e mādarzād	خال مادرزاد
tatuaje (m)	xāl kubi	خال کوبی
cicatriz (f)	jā-ye zaxm	جای زخم

63. Las enfermedades

enfermedad (f)	bimāri	بیماری
estar enfermo	bimār budan	بیمار بودن
salud (f)	salāmati	سلامتی
resfriado (m) (coriza)	āb-e rizeš-e bini	آب ریزش بینی

angina (f)	varam-e lowze	ورم لوزه
resfriado (m)	sarmā xordegi	سرما خوردگی
resfriarse (vr)	sarmā xordan	سرما خوردن
bronquitis (f)	boronšit	برنشیت
pulmonía (f)	zātorrie	ذات الریه
gripe (f)	ānfolānzā	آنفولانزا
miope (adj)	nazdik bin	نزدیک بین
présbita (adj)	durbin	دوربین
estrabismo (m)	enherāf-e čašm	انحراف چشم
estrábico (m) (adj)	luč	لوچ
catarata (f)	āb morvārid	آب مروارید
glaucoma (m)	ab-e siyāh	آب سیاه
insulto (m)	sekte-ye maqzi	سکته مغزی
ataque (m) cardiaco	sekte-ye qalbi	سکته قلبی
infarto (m) de miocardio	ānfārktus	آنفارکتوس
parálisis (f)	falaji	فلجی
paralizar (vt)	falj kardan	فلج کردن
alergia (f)	ālerži	آلرژی
asma (f)	āsm	آسم
diabetes (f)	diyābet	دیابت
dolor (m) de muelas	dandān-e dard	دندان درد
caries (f)	pusidegi	پوسیدگی
diarrea (f)	eshāl	اسهال
estreñimiento (m)	yobusat	یبوست
molestia (f) estomacal	nārāhati-ye me'de	ناراحتی معده
envenenamiento (m)	masmumiyat	مسمومیت
envenenarse (vr)	masmum šodan	مسموم شدن
artritis (f)	varam-e mafāsel	ورم مفاصل
raquitismo (m)	rāšitism	راشیتیسم
reumatismo (m)	romātism	روماتیسم
ateroesclerosis (f)	tasallob-e šarāin	تصلب شرائین
gastritis (f)	varam-e me'de	ورم معده
apendicitis (f)	āpāndisit	آپاندیسیت
colecistitis (f)	eltehāb-e kise-ye safrā	التهاب کیسه صفرا
úlcera (f)	zaxm	زخم
sarampión (m)	sorxak	سرخک
rubeola (f)	sorxje	سرخجه
ictericia (f)	yaraqān	یرقان
hepatitis (f)	hepātit	هپاتیت
esquizofrenia (f)	šizoferni	شیزوفرنی
rabia (f) (hidrofobia)	hāri	هاری
neurosis (f)	extelāl-e a'sāb	اختلال اعصاب
conmoción (f) cerebral	zarbe-ye maqzi	ضربه مغزی
cáncer (m)	saratān	سرطان
esclerosis (f)	eskeleroz	اسکلروز

esclerosis (m) múltiple	eskeleroz čandgāne	اسكلروز چندگانه
alcoholismo (m)	alkolism	الكليسم
alcohólico (m)	alkoli	الكلى
sífilis (f)	siflis	سيفليس
SIDA (m)	eydz	ايدز

tumor (m)	tumor	تومور
maligno (adj)	bad xim	بد خيم
benigno (adj)	xoš xim	خوش خيم

fiebre (f)	tab	تب
malaria (f)	mālāriyā	مالاريا
gangrena (f)	qānqāriyā	قانقاريا
mareo (m)	daryā-zadegi	دريازدگى
epilepsia (f)	sarʿ	صرع

epidemia (f)	epidemi	اپيدمى
tifus (m)	hasbe	حصبه
tuberculosis (f)	sel	سل
cólera (f)	vabā	وبا
peste (f)	tāʿun	طاعون

64. Los síntomas. Los tratamientos. Unidad 1

síntoma (m)	alāem-e bimāri	علائم بيمارى
temperatura (f)	damā	دما
fiebre (f)	tab	تب
pulso (m)	nabz	نبض

mareo (m) (vértigo)	sargije	سرگيجه
caliente (adj)	dāq	داغ
escalofrío (m)	raʿše	رعشه
pálido (adj)	rang paride	رنگ پريده

tos (f)	sorfe	سرفه
toser (vi)	sorfe kardan	سرفه كردن
estornudar (vi)	atse kardan	عطسه كردن
desmayo (m)	qaš	غش
desmayarse (vr)	qaš kardan	غش كردن

moradura (f)	kabudi	كبودى
chichón (m)	barāmadegi	برآمدگى
golpearse (vr)	barxord kardan	برخورد كردن
magulladura (f)	kuftegi	كوفتگى
magullarse (vr)	zarb didan	ضرب ديدن

cojear (vi)	langidan	لنگيدن
dislocación (f)	dar raftegi	دررفتگى
dislocar (vt)	dar raftan	دررفتن
fractura (f)	šekastegi	شكستگى
tener una fractura	dočār-e šekastegi šodan	دچار شكستگى شدن

| corte (m) (tajo) | boridegi | بريدگى |
| cortarse (vr) | boridan | بريدن |

hemorragia (f)	xunrizi	خونریزی
quemadura (f)	suxtegi	سوختگی
quemarse (vr)	dočār-e suxtegi šodan	دچار سوختگی شدن

pincharse (~ el dedo)	surāx kardan	سوراخ کردن
pincharse (vr)	surāx kardan	سوراخ کردن
herir (vt)	āsib resāndan	آسیب رساندن
herida (f)	zaxm	زخم
lesión (f) (herida)	zaxm	زخم
trauma (m)	zarbe	ضربه

delirar (vi)	hazyān goftan	هذیان گفتن
tartamudear (vi)	loknat dāštan	لکنت داشتن
insolación (f)	āftāb-zadegi	آفتابزدگی

65. Los síntomas. Los tratamientos. Unidad 2

dolor (m)	dard	درد
astilla (f)	xār	خار

sudor (m)	araq	عرق
sudar (vi)	araq kardan	عرق کردن
vómito (m)	estefrāq	استفراغ
convulsiones (f pl)	tašannoj	تشنج

embarazada (adj)	bārdār	باردار
nacer (vi)	motevalled šodan	متولد شدن
parto (m)	vaz'-e haml	وضع حمل
dar a luz	be donyā āvardan	به دنیا آوردن
aborto (m)	seqt-e janin	سقط جنین

respiración (f)	tanaffos	تنفس
inspiración (f)	estenšāq	استنشاق
espiración (f)	bāzdam	بازدم
espirar (vi)	bāzdamidan	بازدمیدن
inspirar (vi)	nafas kešidan	نفس کشیدن

inválido (m)	ma'lul	معلول
mutilado (m)	falaj	فلج
drogadicto (m)	mo'tād	معتاد

sordo (adj)	kar	کر
mudo (adj)	lāl	لال
sordomudo (adj)	kar-o lāl	کر و لال

loco (adj)	divāne	دیوانه
loco (m)	divāne	دیوانه
loca (f)	divāne	دیوانه
volverse loco	divāne šodan	دیوانه شدن

gen (m)	žen	ژن
inmunidad (f)	masuniyat	مصونیت
hereditario (adj)	mowrusi	موروثی
de nacimiento (adj)	mādarzād	مادرزاد

virus (m)	virus	ويروس
microbio (m)	mikrob	ميكروب
bacteria (f)	bākteri	باكترى
infección (f)	ofunat	عفونت

66. Los síntomas. Los tratamientos. Unidad 3

hospital (m)	bimārestān	بيمارستان
paciente (m)	bimār	بيمار
diagnosis (f)	tašxis	تشخيص
cura (f)	mo'āleje	معالجه
tratamiento (m)	darmān	درمان
curarse (vr)	darmān šodan	درمان شدن
tratar (vt)	mo'āleje kardan	معالجه كردن
cuidar (a un enfermo)	parastāri kardan	پرستارى كردن
cuidados (m pl)	parastāri	پرستارى
operación (f)	amal-e jarrāhi	عمل جراحى
vendar (vt)	pānsemān kardan	پانسمان كردن
vendaje (m)	pānsemān	پانسمان
vacunación (f)	vāksināsyon	واكسيناسيون
vacunar (vt)	vāksine kardan	واكسينه كردن
inyección (f)	tazriq	تزريق
aplicar una inyección	tazriq kardan	تزريق كردن
ataque (m)	hamle	حمله
amputación (f)	qat'-e ozv	قطع عضو
amputar (vt)	qat' kardan	قطع كردن
coma (m)	komā	كما
estar en coma	dar komā budan	در كما بودن
revitalización (f)	morāqebat-e viže	مراقبت ويژه
recuperarse (vr)	behbud yāftan	بهبود يافتن
estado (m) (de salud)	hālat	حالت
consciencia (f)	huš	هوش
memoria (f)	hāfeze	حافظه
extraer (un diente)	dandān kešidan	دندان كشيدن
empaste (m)	por kardan	پر كردن
empastar (vt)	por kardan	پر كردن
hipnosis (f)	hipnotizm	هيپنوتيزم
hipnotizar (vt)	hipnotizm kardan	هيپنوتيزم كردن

67. La medicina. Las drogas. Los accesorios

medicamento (m), droga (f)	dāru	دارو
remedio (m)	darmān	درمان
prescribir (vt)	tajviz kardan	تجويز كردن
receta (f)	nosxe	نسخه

69

tableta (f)	qors	قرص
ungüento (m)	pomād	پماد
ampolla (f)	āmpul	آمپول
mixtura (f), mezcla (f)	šarbat	شربت
sirope (m)	šarbat	شربت
píldora (f)	kapsul	کپسول
polvo (m)	pudr	پودر
venda (f)	bānd	باند
algodón (m) (discos de ~)	panbe	پنبه
yodo (m)	yod	ید
tirita (f), curita (f)	časb-e zaxm	چسب زخم
pipeta (f)	qatre čekān	قطره چکان
termómetro (m)	damāsanj	دماسنج
jeringa (f)	sorang	سرنگ
silla (f) de ruedas	vilčer	ویلچر
muletas (f pl)	čub zir baqal	چوب زیر بغل
anestésico (m)	mosaken	مسکن
purgante (m)	moshel	مسهل
alcohol (m)	alkol	الکل
hierba (f) medicinal	giyāhān-e dāruyi	گیاهان دارویی
de hierbas (té ~)	giyāhi	گیاهی

EL APARTAMENTO

68. El apartamento

apartamento (m)	āpārtemān	آپارتمان
habitación (f)	otāq	اتاق
dormitorio (m)	otāq-e xāb	اتاق خواب
comedor (m)	otāq-e qazāxori	اتاق غذاخوری
salón (m)	mehmānxāne	مهمانخانه
despacho (m)	daftar	دفتر
antecámara (f)	tālār-e vorudi	تالار ورودی
cuarto (m) de baño	hammām	حمام
servicio (m)	tuālet	توالت
techo (m)	saqf	سقف
suelo (m)	kaf	کف
rincón (m)	guše	گوشه

69. Los muebles. El interior

muebles (m pl)	mobl	مبل
mesa (f)	miz	میز
silla (f)	sandali	صندلی
cama (f)	taxt-e xāb	تخت خواب
sofá (m)	kānāpe	کاناپه
sillón (m)	mobl-e rāhati	مبل راحتی
librería (f)	qafase-ye ketāb	قفسه کتاب
estante (m)	qafase	قفسه
armario (m)	komod	کمد
percha (f)	raxt āviz	رخت آویز
perchero (m) de pie	čub lebāsi	چوب لباسی
cómoda (f)	komod	کمد
mesa (f) de café	miz-e pišdasti	میز پیشدستی
espejo (m)	āyene	آینه
tapiz (m)	farš	فرش
alfombra (f)	qāliče	قالیچه
chimenea (f)	šumine	شومینه
vela (f)	šam'	شمع
candelero (m)	šam'dān	شمعدان
cortinas (f pl)	parde	پرده
empapelado (m)	kāqaz-e divāri	کاغذ دیواری

estor (m) de láminas	kerkere	کرکره
lámpara (f) de mesa	čerāq-e rumizi	چراغ رومیزی
aplique (m)	čerāq-e divāri	چراغ دیواری
lámpara (f) de pie	ābāžur	آباژور
lámpara (f) de araña	luster	لوستر

pata (f) (~ de la mesa)	pāye	پایه
brazo (m)	daste-ye sandali	دستۀ صندلی
espaldar (m)	pošti	پشتی
cajón (m)	kešow	کشو

70. Los accesorios de cama

ropa (f) de cama	raxt-e xāb	رخت خواب
almohada (f)	bālešt	بالشت
funda (f)	rubalešt	روبالشت
manta (f)	patu	پتو
sábana (f)	malāfe	ملافه
sobrecama (f)	rutaxti	روتختی

71. La cocina

cocina (f)	āšpazxāne	آشپزخانه
gas (m)	gāz	گاز
cocina (f) de gas	ojāgh-e gāz	اجاق گاز
cocina (f) eléctrica	ojāgh-e barghi	اجاق برقی
horno (m)	fer	فر
horno (m) microondas	māykrofer	مایکروفر

frigorífico (m)	yaxčāl	یخچال
congelador (m)	fereyzer	فریزر
lavavajillas (m)	māšin-e zarfšuyi	ماشین ظرفشویی

picadora (f) de carne	čarx-e gušt	چرخ گوشت
exprimidor (m)	ābmive giri	آبمیوه گیری
tostador (m)	towster	توستر
batidora (f)	maxlut kon	مخلوط کن

cafetera (f) (aparato de cocina)	qahve sāz	قهوه ساز
cafetera (f) (para servir)	qahve juš	قهوه جوش
molinillo (m) de café	āsiyāb-e qahve	آسیاب قهوه

hervidor (m) de agua	ketri	کتری
tetera (f)	quri	قوری
tapa (f)	sarpuš	سرپوش
colador (m) de té	čāy sāf kon	چای صاف کن

cuchara (f)	qāšoq	قاشق
cucharilla (f)	qāšoq čāy xori	قاشق چای خوری
cuchara (f) de sopa	qāšoq sup xori	قاشق سوپ خوری
tenedor (m)	čangāl	چنگال

cuchillo (m)	kārd	کارد
vajilla (f)	zoruf	ظروف
plato (m)	bošqāb	بشقاب
platillo (m)	na'lbeki	نعلبکی

vaso (m) de chupito	gilās-e vodkā	گیلاس ودکا
vaso (m) (~ de agua)	estekān	استکان
taza (f)	fenjān	فنجان

azucarera (f)	qandān	قندان
salero (m)	namakdān	نمکدان
pimentero (m)	felfeldān	فلفلدان
mantequera (f)	zarf-e kare	ظرف کره

cacerola (f)	qāblame	قابلمه
sartén (f)	tābe	تابه
cucharón (m)	malāqe	ملاقه
colador (m)	ābkeš	آبکش
bandeja (f)	sini	سینی

botella (f)	botri	بطری
tarro (m) de vidrio	šiše	شیشه
lata (f)	quti	قوطی

abrebotellas (m)	dar bāz kon	در بازکن
abrelatas (m)	dar bāz kon	در بازکن
sacacorchos (m)	dar bāz kon	در بازکن
filtro (m)	filter	فیلتر
filtrar (vt)	filter kardan	فیلتر کردن

| basura (f) | āšqāl | آشغال |
| cubo (m) de basura | satl-e zobāle | سطل زباله |

72. El baño

cuarto (m) de baño	hammām	حمام
agua (f)	āb	آب
grifo (m)	šir	شیر
agua (f) caliente	āb-e dāq	آب داغ
agua (f) fría	āb-e sard	آب سرد

pasta (f) de dientes	xamir-e dandān	خمیر دندان
limpiarse los dientes	mesvāk zadan	مسواک زدن
cepillo (m) de dientes	mesvāk	مسواک

afeitarse (vr)	riš tarāšidan	ریش تراشیدن
espuma (f) de afeitar	xamir-e eslāh	خمیر اصلاح
maquinilla (f) de afeitar	tiq	تیغ

lavar (vt)	šostan	شستن
darse un baño	hamām kardan	حمام کردن
ducha (f)	duš	دوش
darse una ducha	duš gereftan	دوش گرفتن
bañera (f)	vān hammām	وان حمام

| inodoro (m) | tuālet-e farangi | توالت فرنگی |
| lavabo (m) | sink | سینک |

| jabón (m) | sābun | صابون |
| jabonera (f) | jā sābun | جا صابون |

esponja (f)	abr	ابر
champú (m)	šāmpu	شامپو
toalla (f)	howle	حوله
bata (f) de baño	howle-ye hamām	حوله حمام

colada (f), lavado (m)	raxčuyi	لباسشویی
lavadora (f)	māšin-e lebas-šui	ماشین لباسشویی
lavar la ropa	šostan-e lebās	شستن لباس
detergente (m) en polvo	pudr-e lebas-šui	پودر لباسشویی

73. Los aparatos domésticos

televisor (m)	televiziyon	تلویزیون
magnetófono (m)	zabt-e sowt	ضبط صوت
vídeo (m)	video	ویدئو
radio (m)	rādiyo	رادیو
reproductor (m) (~ MP3)	paxš konande	پخش کننده

proyector (m) de vídeo	video porožektor	ویدئو پروژکتور
sistema (m) home cinema	sinamā-ye xānegi	سینمای خانگی
reproductor (m) de DVD	paxš konande-ye di vi di	پخش کننده دی وی دی
amplificador (m)	āmpli-fāyer	آمپلی فایر
videoconsola (f)	konsul-e bāzi	کنسول بازی

cámara (f) de vídeo	durbin-e filmbardāri	دوربین فیلمبرداری
cámara (f) fotográfica	durbin-e akkāsi	دوربین عکاسی
cámara (f) digital	durbin-e dijitāl	دوربین دیجیتال

aspirador (m), aspiradora (f)	jāru barqi	جارو برقی
plancha (f)	oto	اتو
tabla (f) de planchar	miz-e otu	میز اتو

teléfono (m)	telefon	تلفن
teléfono (m) móvil	telefon-e hamrāh	تلفن همراه
máquina (f) de escribir	māšin-e tahrir	ماشین تحریر
máquina (f) de coser	čarx-e xayyāti	چرخ خیاطی

micrófono (m)	mikrofon	میکروفون
auriculares (m pl)	guši	گوشی
mando (m) a distancia	kontorol az rāh-e dur	کنترل از راه دور

CD (m)	si-di	سیدی
casete (m)	kāst	کاست
disco (m) de vinilo	safhe-ye gerāmāfon	صفحه گرامافون

LA TIERRA. EL TIEMPO

74. El espacio

cosmos (m)	fazā	فضا
espacial, cósmico (adj)	fazāyi	فضایی
espacio (m) cósmico	fazā-ye keyhān	فضای کیهان
mundo (m)	jahān	جهان
universo (m)	giti	گیتی
galaxia (f)	kahkešān	کهکشان
estrella (f)	setāre	ستاره
constelación (f)	surat-e falaki	صورت فلکی
planeta (m)	sayyāre	سیاره
satélite (m)	māhvāre	ماهواره
meteorito (m)	sang-e āsmāni	سنگ آسمانی
cometa (m)	setāre-ye donbāle dār	ستارهٔ دنباله دار
asteroide (m)	šahāb	شهاب
órbita (f)	madār	مدار
girar (vi)	gardidan	گردیدن
atmósfera (f)	jav	جو
Sol (m)	āftāb	آفتاب
sistema (m) solar	manzume-ye šamsi	منظومه شمسی
eclipse (m) de Sol	kosuf	کسوف
Tierra (f)	zamin	زمین
Luna (f)	māh	ماه
Marte (m)	merrix	مریخ
Venus (f)	zahre	زهره
Júpiter (m)	moštari	مشتری
Saturno (m)	zohal	زحل
Mercurio (m)	atārod	عطارد
Urano (m)	orānus	اورانوس
Neptuno (m)	nepton	نپتون
Plutón (m)	poloton	پلوتون
la Vía Láctea	kahkešān rāh-e širi	کهکشان راه شیری
la Osa Mayor	dobb-e akbar	دب اکبر
la Estrella Polar	setāre-ye qotbi	ستاره قطبی
marciano (m)	merrixi	مریخی
extraterrestre (m)	farā zamini	فرا زمینی

| planetícola (m) | mowjud fazāyi | موجود فضایی |
| platillo (m) volante | bošqāb-e parande | بشقاب پرنده |

nave (f) espacial	fazā peymā	فضا پیما
estación (f) orbital	istgāh-e fazāyi	ایستگاه فضایی
despegue (m)	rāh andāzi	راه اندازی

motor (m)	motor	موتور
tobera (f)	nāzel	نازل
combustible (m)	suxt	سوخت

carlinga (f)	kābin	کابین
antena (f)	ānten	آنتن
ventana (f)	panjere	پنجره
batería (f) solar	bātri-ye xoršidi	باطری خورشیدی
escafandra (f)	lebās-e fazānavardi	لباس فضانوردی

| ingravidez (f) | bi vazni | بی وزنی |
| oxígeno (m) | oksižen | اکسیژن |

| atraque (m) | vasl | وصل |
| realizar el atraque | vasl kardan | وصل کردن |

observatorio (m)	rasadxāne	رصدخانه
telescopio (m)	teleskop	تلسکوپ
observar (vt)	mošāhede kardan	مشاهده کردن
explorar (~ el universo)	kašf kardan	کشف کردن

75. La tierra

Tierra (f)	zamin	زمین
globo (m) terrestre	kare-ye zamin	کرۀ زمین
planeta (m)	sayyāre	سیاره

atmósfera (f)	jav	جو
geografía (f)	joqrāfiyā	جغرافیا
naturaleza (f)	tabi'at	طبیعت

globo (m) terráqueo	kare-ye joqrāfiyāyi	کرۀ جغرافیایی
mapa (m)	naqše	نقشه
atlas (m)	atlas	اطلس

| Europa (f) | orupā | اروپا |
| Asia (f) | āsiyā | آسیا |

| África (f) | āfriqā | آفریقا |
| Australia (f) | ostorāliyā | استرالیا |

América (f)	emrikā	امریکا
América (f) del Norte	emrikā-ye šomāli	امریکای شمالی
América (f) del Sur	emrikā-ye jonubi	امریکای جنوبی

| Antártida (f) | qotb-e jonub | قطب جنوب |
| Ártico (m) | qotb-e šomāl | قطب شمال |

76. Los puntos cardinales

norte (m)	šomāl	شمال
al norte	be šomāl	به شمال
en el norte	dar šomāl	در شمال
del norte (adj)	šomāli	شمالی
sur (m)	jonub	جنوب
al sur	be jonub	به جنوب
en el sur	dar jonub	در جنوب
del sur (adj)	jonubi	جنوبی
oeste (m)	qarb	غرب
al oeste	be qarb	به غرب
en el oeste	dar qarb	در غرب
del oeste (adj)	qarbi	غربی
este (m)	šarq	شرق
al este	be šarq	به شرق
en el este	dar šarq	در شرق
del este (adj)	šarqi	شرقی

77. El mar. El océano

mar (m)	daryā	دریا
océano (m)	oqyānus	اقیانوس
golfo (m)	xalij	خلیج
estrecho (m)	tange	تنگه
tierra (f) firme	zamin	زمین
continente (m)	qāre	قاره
isla (f)	jazire	جزیره
península (f)	šeb-e jazire	شبه جزیره
archipiélago (m)	majma'-ol-jazāyer	مجمع‌الجزایر
bahía (f)	xalij-e kučak	خلیج کوچک
ensenada, bahía (f)	langargāh	لنگرگاه
laguna (f)	mordāb	مرداب
cabo (m)	damāqe	دماغه
atolón (m)	jazire-ye marjāni	جزیره مرجانی
arrecife (m)	tappe-ye daryāyi	تپه دریایی
coral (m)	marjān	مرجان
arrecife (m) de coral	tappe-ye marjāni	تپه مرجانی
profundo (adj)	amiq	عمیق
profundidad (f)	omq	عمق
abismo (m)	partgāh	پرتگاه
fosa (f) oceánica	derāz godāl	درازگودال
corriente (f)	jaryān	جریان
bañar (rodear)	ehāte kardan	احاطه کردن

| orilla (f) | sāhel | ساحل |
| costa (f) | sāhel | ساحل |

flujo (m)	mod	مد
reflujo (m)	jazr	جزر
banco (m) de arena	sāhel-e šeni	ساحل شنی
fondo (m)	qa'r	قعر

ola (f)	mowj	موج
cresta (f) de la ola	nok	نوک
espuma (f)	kaf	کف

tempestad (f)	tufān-e daryāyi	طوفان دریایی
huracán (m)	tufān	طوفان
tsunami (m)	sonāmi	سونامی
bonanza (f)	sokun-e daryā	سکون دریا
calmo, tranquilo	ārām	آرام

| polo (m) | qotb | قطب |
| polar (adj) | qotbi | قطبی |

latitud (f)	arz-e joqrāfiyāyi	عرض جغرافیایی
longitud (f)	tul-e joqrāfiyāyi	طول جغرافیایی
paralelo (m)	movāzi	موازی
ecuador (m)	xatt-e ostavā	خط استوا

cielo (m)	āsemān	آسمان
horizonte (m)	ofoq	افق
aire (m)	havā	هوا

faro (m)	fānus-e daryāyi	فانوس دریایی
bucear (vi)	širje raftan	شیرجه رفتن
hundirse (vr)	qarq šodan	غرق شدن
tesoros (m pl)	ganj	گنج

78. Los nombres de los mares y los océanos

océano (m) Atlántico	oqyānus-e atlas	اقیانوس اطلس
océano (m) Índico	oqyānus-e hend	اقیانوس هند
océano (m) Pacífico	oqyānus-e ārām	اقیانوس آرام
océano (m) Glacial Ártico	oqyānus-e monjamed-e šomāli	اقیانوس منجمد شمالی

mar (m) Negro	daryā-ye siyāh	دریای سیاه
mar (m) Rojo	daryā-ye sorx	دریای سرخ
mar (m) Amarillo	daryā-ye zard	دریای زرد
mar (m) Blanco	daryā-ye sefid	دریای سفید

mar (m) Caspio	daryā-ye xazar	دریای خزر
mar (m) Muerto	daryā-ye morde	دریای مرده
mar (m) Mediterráneo	daryā-ye meditarāne	دریای مدیترانه

| mar (m) Egeo | daryā-ye eže | دریای اژه |
| mar (m) Adriático | daryā-ye ādriyātik | دریای آدریاتیک |

mar (m) Arábigo	daryā-ye arab	دریای عرب
mar (m) del Japón	daryā-ye žāpon	دریای ژاپن
mar (m) de Bering	daryā-ye brinq	دریای برینگ
mar (m) de la China Meridional	daryā-ye čin-e jonubi	دریای چین جنوبی

mar (m) del Coral	daryā-ye marjān	دریای مرجان
mar (m) de Tasmania	daryā-ye tās-emān	دریای تاسمان
mar (m) Caribe	daryā-ye kārāib	دریای کارائیب

mar (m) de Barents	daryā-ye barntz	دریای بارنتز
mar (m) de Kara	daryā-ye kārā	دریای کارا

mar (m) del Norte	daryā-ye šomāl	دریای شمال
mar (m) Báltico	daryā-ye bāltik	دریای بالتیک
mar (m) de Noruega	daryā-ye norvež	دریای نروژ

79. Las montañas

montaña (f)	kuh	کوه
cadena (f) de montañas	rešte-ye kuh	رشته کوه
cresta (f) de montañas	selsele-ye jebāl	سلسله جبال

cima (f)	qolle	قله
pico (m)	qolle	قله
pie (m)	dāmane-ye kuh	دامنهٔ کوه
cuesta (f)	šib	شیب

volcán (m)	ātaš-fešān	آتشفشان
volcán (m) activo	ātaš-fešān-e fa'āl	آتش فشان فعال
volcán (m) apagado	ātaš-fešān-e xāmuš	آتش فشان خاموش

erupción (f)	favarān	فوران
cráter (m)	dahāne-ye ātašfešān	دهانهٔ آتش فشان
magma (m)	māgmā	ماگما
lava (f)	godāze	گدازه
fundido (lava ~a)	godāxte	گداخته

cañón (m)	tange	تنگ
desfiladero (m)	darre-ye tang	دره تنگ
grieta (f)	tange	تنگ
precipicio (m)	partgāh	پرتگاه

puerto (m) (paso)	gozargāh	گذرگاه
meseta (f)	falāt	فلات
roca (f)	saxre	صخره
colina (f)	tappe	تپه

glaciar (m)	yaxčāl	یخچال
cascada (f)	ābšār	آبشار
geiser (m)	češme-ye āb-e garm	چشمهٔ آب گرم
lago (m)	daryāče	دریاچه
llanura (f)	jolge	جلگه
paisaje (m)	manzare	منظره

eco (m)	en'ekās-e sowt	انعکاس صوت
alpinista (m)	kuhnavard	کوهنورد
escalador (m)	saxre-ye navard	صخره نورد
conquistar (vt)	fath kardan	فتح کردن
ascensión (f)	so'ud	صعود

80. Los nombres de las montañas

Alpes (m pl)	ālp	آلپ
Montblanc (m)	moan belān	مون بلان
Pirineos (m pl)	pirene	پیرنه
Cárpatos (m pl)	kuhhā-ye kārpāt	کوههای کارپات
Urales (m pl)	kuhe-i orāl	کوههای اورال
Cáucaso (m)	qafqāz	قفقاز
Elbrus (m)	alborz	البرز
Altai (m)	āltāy	آلتای
Tian-Shan (m)	tiyān šān	تیان شان
Pamir (m)	pāmir	پامیر
Himalayos (m pl)	himāliyā-vo	هیمالیا
Everest (m)	everest	اورست
Andes (m pl)	ānd	آند
Kilimanjaro (m)	kelimānjāro	کلیمانجارو

81. Los ríos

río (m)	rudxāne	رودخانه
manantial (m)	češme	چشمه
lecho (m) (curso de agua)	bastar	بستر
cuenca (f) fluvial	howze	حوضه
desembocar en ...	rixtan	ریختن
afluente (m)	enše'āb	انشعاب
ribera (f)	sāhel	ساحل
corriente (f)	jaryān	جریان
río abajo (adv)	be samt-e pāin-e rudxāne	به سمت پائین رودخانه
río arriba (adv)	be samt-e bālā-ye rudxāne	به سمت بالای رودخانه
inundación (f)	seyl	سیل
riada (f)	toqyān	طغیان
desbordarse (vr)	toqyān kardan	طغیان کردن
inundar (vt)	toqyān kardan	طغیان کردن
bajo (m) arenoso	tangāb	تنگاب
rápido (m)	tondāb	تندآب
presa (f)	sad	سد
canal (m)	kānāl	کانال
lago (m) artificiale	maxzan-e āb	مخزن آب

esclusa (f)	ābgir	آبگیر
cuerpo (m) de agua	maxzan-e āb	مخزن آب
pantano (m)	bātlāq	باتلاق
ciénaga (f)	lajan zār	لجن زار
remolino (m)	gerdāb	گرداب

arroyo (m)	ravad	رود
potable (adj)	āšāmidani	آشامیدنی
dulce (agua ~)	širin	شیرین

| hielo (m) | yax | یخ |
| helarse (el lago, etc.) | yax bastan | یخ بستن |

82. Los nombres de los ríos

| Sena (m) | sen | سن |
| Loira (m) | lavār | لوآر |

Támesis (m)	timz	تیمز
Rin (m)	rāyn	راین
Danubio (m)	dānub	دانوب

Volga (m)	volgā	ولگا
Don (m)	don	دن
Lena (m)	lenā	لنا

Río (m) Amarillo	rud-e zard	رود زرد
Río (m) Azul	yāng tese	یانگ تسه
Mekong (m)	mekung	مکونگ
Ganges (m)	gong	گنگ

Nilo (m)	neyl	نیل
Congo (m)	kongo	کنگو
Okavango (m)	okavango	اوکاوانگو
Zambeze (m)	zāmbezi	زامبزی
Limpopo (m)	rud-e limpupu	رود لیمپوپو
Misisipi (m)	mi si si pi	می سی سی پی

83. El bosque

| bosque (m) | jangal | جنگل |
| de bosque (adj) | jangali | جنگلی |

espesura (f)	jangal-e anbuh	جنگل انبوه
bosquecillo (m)	biše	بیشه
claro (m)	marqzār	مرغزار

| maleza (f) | biše-hā | بیشه ها |
| matorral (m) | bute zār | بوته زار |

| senda (f) | kure-ye rāh | کوره راه |
| barranco (m) | darre | دره |

81

árbol (m)	deraxt	درخت
hoja (f)	barg	برگ
follaje (m)	šāx-o barg	شاخ و برگ
caída (f) de hojas	barg rizi	برگ ریزی
caer (las hojas)	rixtan	ریختن
cima (f)	nok	نوک
rama (f)	šāxe	شاخه
rama (f) (gruesa)	šāxe	شاخه
brote (m)	šokufe	شکوفه
aguja (f)	suzan	سوزن
piña (f)	maxrut-e kāj	مخروط کاج
agujero (m)	surāx	سوراخ
nido (m)	lāne	لانه
tronco (m)	tane	تنه
raíz (f)	riše	ریشه
corteza (f)	pust	پوست
musgo (m)	xaze	خزه
extirpar (vt)	rišekan kardan	ریشه کن کردن
talar (vt)	boridan	بریدن
deforestar (vt)	boridan	بریدن
tocón (m)	kande-ye deraxt	کندۀ درخت
hoguera (f)	ātaš	آتش
incendio (m) forestal	ātaš suzi	آتش سوزی
apagar (~ el incendio)	xāmuš kardan	خاموش کردن
guarda (m) forestal	jangal bān	جنگل بان
protección (f)	mohāfezat	محافظت
proteger (vt)	mohāfezat kardan	محافظت کردن
cazador (m) furtivo	šekārči-ye qeyr-e qānuni	شکارچی غیر قانونی
cepo (m)	tale	تله
recoger (setas, bayas)	čidan	چیدن
perderse (vr)	gom šodan	گم شدن

84. Los recursos naturales

recursos (m pl) naturales	manābe-'e tabii	منابع طبیعی
recursos (m pl) subterráneos	mavādd-e ma'dani	مواد معدنی
depósitos (m pl)	tah nešast	ته نشست
yacimiento (m)	meydān	میدان
extraer (vt)	estexrāj kardan	استخراج کردن
extracción (f)	estexrāj	استخراج
mena (f)	sang-e ma'dani	سنگ معدنی
mina (f)	ma'dan	معدن
pozo (m) de mina	ma'dan	معدن
minero (m)	ma'dānči	معدنچی
gas (m)	gāz	گاز

gasoducto (m)	lule-ye gāz	لولۀ گاز
petróleo (m)	naft	نفت
oleoducto (m)	lule-ye naft	لولۀ نفت
pozo (m) de petróleo	čāh-e naft	چاه نفت
torre (f) de sondeo	dakal-e haffāri	دکل حفاری
petrolero (m)	tānker	تانکر

arena (f)	šen	شن
caliza (f)	sang-e āhak	سنگ آهک
grava (f)	sangrize	سنگریزه
turba (f)	turb	تورب
arcilla (f)	xāk-e ros	خاک رس
carbón (m)	zoqāl sang	زغال سنگ

hierro (m)	āhan	آهن
oro (m)	talā	طلا
plata (f)	noqre	نقره
níquel (m)	nikel	نیکل
cobre (m)	mes	مس

zinc (m)	ruy	روی
manganeso (m)	mangenez	منگنز
mercurio (m)	jive	جیوه
plomo (m)	sorb	سرب

mineral (m)	mādde-ye maʻdani	مادۀ معدنی
cristal (m)	bolur	بلور
mármol (m)	marmar	مرمر
uranio (m)	orāniyom	اورانیوم

85. El tiempo

tiempo (m)	havā	هوا
previsión (f) del tiempo	piš bini havā	پیش بینی هوا
temperatura (f)	damā	دما
termómetro (m)	damāsanj	دماسنج
barómetro (m)	havāsanj	هواسنج

húmedo (adj)	martub	مرطوب
humedad (f)	rotubat	رطوبت

bochorno (m)	garmā	گرما
tórrido (adj)	dāq	داغ
hace mucho calor	havā xeyli garm ast	هوا خیلی گرم است

hace calor (templado)	havā garm ast	هوا گرم است
templado (adj)	garm	گرم

hace frío	sard ast	سرد است
frío (adj)	sard	سرد

sol (m)	āftāb	آفتاب
brillar (vi)	tābidan	تابیدن
soleado (un día ~)	āftābi	آفتابی

elevarse (el sol)	tolu' kardan	طلوع کردن
ponerse (vr)	qorob kardan	غروب کردن
nube (f)	abr	ابر
nuboso (adj)	abri	ابری
nubarrón (m)	abr-e bārānzā	ابر باران زا
nublado (adj)	tire	تیره
lluvia (f)	bārān	باران
está lloviendo	bārān mibārad	باران می بارد
lluvioso (adj)	bārāni	بارانی
lloviznar (vi)	nam-nam bāridan	نم نم باریدن
aguacero (m)	bārān šodid	باران شدید
chaparrón (m)	ragbār	رگبار
fuerte (la lluvia ~)	šadid	شدید
charco (m)	čāle	چاله
mojarse (vr)	xis šodan	خیس شدن
niebla (f)	meh	مه
nebuloso (adj)	meh ālud	مه آلود
nieve (f)	barf	برف
está nevando	barf mibārad	برف می بارد

86. Los eventos climáticos severos. Los desastres naturales

tormenta (f)	tufān	طوفان
relámpago (m)	barq	برق
relampaguear (vi)	barq zadan	برق زدن
trueno (m)	ra'd	رعد
tronar (vi)	qorridan	غریدن
está tronando	ra'd mizanad	رعد می زند
granizo (m)	tagarg	تگرگ
está granizando	tagarg mibārad	تگرگ می بارد
inundar (vt)	toqyān kardan	طغیان کردن
inundación (f)	seyl	سیل
terremoto (m)	zamin-larze	زمین لرزه
sacudida (f)	tekān	تکان
epicentro (m)	kānun-e zaminlarze	کانون زمین لرزه
erupción (f)	favarān	فوران
lava (f)	godāze	گدازه
torbellino (m), tornado (m)	gerdbād	گردباد
tifón (m)	tufān	طوفان
huracán (m)	tufān	طوفان
tempestad (f)	tufān-e daryāyi	طوفان دریایی
tsunami (m)	sonāmi	سونامی
ciclón (m)	gerdbād	گردباد

mal tiempo (m)	havā-ye bad	هوای بد
incendio (m)	ātaš suzi	آتش سوزی
catástrofe (f)	balā-ye tabi'i	بلای طبیعی
meteorito (m)	sang-e āsmāni	سنگ آسمانی
avalancha (f)	bahman	بهمن
alud (m) de nieve	bahman	بهمن
ventisca (f)	kulāk	کولاک
nevasca (f)	barf-o burān	برف و بوران

LA FAUNA

87. Los mamíferos. Los predadores

carnívoro (m)	heyvān-e darande	حیوان درنده
tigre (m)	bebar	ببر
león (m)	šir	شیر
lobo (m)	gorg	گرگ
zorro (m)	rubāh	روباه
jaguar (m)	jagvār	جگوار
leopardo (m)	palang	پلنگ
guepardo (m)	yuzpalang	یوزپلنگ
pantera (f)	palang-e siyāh	پلنگ سیاه
puma (f)	yuzpalang	یوزپلنگ
leopardo (m) de las nieves	palang-e barfi	پلنگ برفی
lince (m)	siyāh guš	سیاه گوش
coyote (m)	gorg-e sahrāyi	گرگ صحرایی
chacal (m)	šoqāl	شغال
hiena (f)	kaftār	کفتار

88. Los animales salvajes

animal (m)	heyvān	حیوان
bestia (f)	heyvān	حیوان
ardilla (f)	sanjāb	سنجاب
erizo (m)	xārpošt	خارپشت
liebre (f)	xarguš	خرگوش
conejo (m)	xarguš	خرگوش
tejón (m)	gurkan	گورکن
mapache (m)	rākon	راکون
hámster (m)	muš-e bozorg	موش بزرگ
marmota (f)	muš-e xormā-ye kuhi	موش خرمای کوهی
topo (m)	muš-e kur	موش کور
ratón (m)	muš	موش
rata (f)	muš-e sahrāyi	موش صحرایی
murciélago (m)	xoffāš	خفاش
armiño (m)	qāqom	قاقم
cebellina (f)	samur	سمور
marta (f)	samur	سمور
comadreja (f)	rāsu	راسو
visón (m)	tire-ye rāsu	تیره راسو

castor (m)	sag-e ābi	سگ آبی
nutria (f)	samur ābi	سمور آبی
caballo (m)	asb	اسب
alce (m)	gavazn	گوزن
ciervo (m)	āhu	آهو
camello (m)	šotor	شتر
bisonte (m)	gāvmiš	گاومیش
uro (m)	gāv miš	گاو میش
búfalo (m)	bufālo	بوفالو
cebra (f)	gurexar	گورخر
antílope (m)	boz-e kuhi	بز کوهی
corzo (m)	šukā	شوکا
gamo (m)	qazāl	غزال
gamuza (f)	boz-e kuhi	بز کوهی
jabalí (m)	gorāz	گراز
ballena (f)	nahang	نهنگ
foca (f)	fak	فک
morsa (f)	širmāhi	شیرماهی
oso (m) marino	gorbe-ye ābi	گربۀ آبی
delfín (m)	delfin	دلفین
oso (m)	xers	خرس
oso (m) blanco	xers-e sefid	خرس سفید
panda (f)	pāndā	پاندا
mono (m)	meymun	میمون
chimpancé (m)	šampānze	شمپانزه
orangután (m)	orāngutān	اورانگوتان
gorila (m)	guril	گوریل
macaco (m)	mākāk	ماکاک
gibón (m)	gibon	گیبون
elefante (m)	fil	فیل
rinoceronte (m)	kargadan	کرگدن
jirafa (f)	zarrāfe	زرافه
hipopótamo (m)	asb-e ābi	اسب آبی
canguro (m)	kāngoro	کانگورو
koala (f)	kovālā	کوالا
mangosta (f)	xadang	خدنگ
chinchilla (f)	čin čila	چین چیلا
mofeta (f)	rāsu-ye badbu	راسوی بدبو
espín (m)	taši	تشی

89. Los animales domésticos

gata (f)	gorbe	گربه
gato (m)	gorbe-ye nar	گربۀ نر
perro (m)	sag	سگ

caballo (m)	asb	اسب
garañón (m)	asb-e nar	اسب نر
yegua (f)	mādiyān	مادیان

vaca (f)	gāv	گاو
toro (m)	gāv-e nar	گاو نر
buey (m)	gāv-e axte	گاو اخته

oveja (f)	gusfand	گوسفند
carnero (m)	gusfand-e nar	گوسفند نر
cabra (f)	boz-e mādde	بز ماده
cabrón (m)	boz-e nar	بز نر

| asno (m) | xar | خر |
| mulo (m) | qāter | قاطر |

cerdo (m)	xuk	خوک
cerdito (m)	bače-ye xuk	بچۀ خوک
conejo (m)	xarguš	خرگوش

| gallina (f) | morq | مرغ |
| gallo (m) | xorus | خروس |

pato (m)	ordak	اردک
ánade (m)	ordak-e nar	اردک نر
ganso (m)	qāz	غاز

| pavo (m) | buqalamun-e nar | بوقلمون نر |
| pava (f) | buqalamun-e māde | بوقلمون ماده |

animales (m pl) domésticos	heyvānāt-e ahli	حیوانات اهلی
domesticado (adj)	ahli	اهلی
domesticar (vt)	rām kardan	رام کردن
criar (vt)	parvareš dādan	پرورش دادن

granja (f)	mazrae	مزرعه
aves (f pl) de corral	morq-e xānegi	مرغ خانگی
ganado (m)	dām	دام
rebaño (m)	galle	گله

caballeriza (f)	establ	اصطبل
porqueriza (f)	āqol xuk	آغل خوک
vaquería (f)	āqol gāv	آغل گاو
conejal (m)	lanye xarguš	لانه خرگوش
gallinero (m)	morq dāni	مرغ دانی

90. Los pájaros

pájaro (m)	parande	پرنده
paloma (f)	kabutar	کبوتر
gorrión (m)	gonješk	گنجشک
carbonero (m)	morq-e zanburxār	مرغ زنبورخوار
urraca (f)	zāqi	زاغی
cuervo (m)	kalāq-e siyāh	کلاغ سیاه

corneja (f)	kalāq	کلاغ
chova (f)	zāq	زاغ
grajo (m)	kalāq-e siyāh	کلاغ سیاه

pato (m)	ordak	اردک
ganso (m)	qāz	غاز
faisán (m)	qarqāvol	قرقاول

águila (f)	oqāb	عقاب
azor (m)	qerqi	قرقی
halcón (m)	šāhin	شاهین
buitre (m)	karkas	کرکس
cóndor (m)	karkas-e emrikāyi	کرکس امریکایی

cisne (m)	qu	قو
grulla (f)	dornā	درنا
cigüeña (f)	lak lak	لک لک

loro (m), papagayo (m)	tuti	طوطی
colibrí (m)	morq-e magas-e xār	مرغ مگس خوار
pavo (m) real	tāvus	طاووس

avestruz (m)	šotormorq	شترمرغ
garza (f)	havāsil	حواصیل
flamenco (m)	felāmingo	فلامینگو
pelícano (m)	pelikān	پلیکان

| ruiseñor (m) | bolbol | بلبل |
| golondrina (f) | parastu | پرستو |

tordo (m)	bāstarak	باسترک
zorzal (m)	torqe	طرقه
mirlo (m)	tukā-ye siyāh	توکای سیاه

vencejo (m)	bādxorak	بادخورک
alondra (f)	čakāvak	چکاوک
codorniz (f)	belderčin	بلدرچین

pájaro carpintero (m)	dārkub	دارکوب
cuco (m)	fāxte	فاخته
lechuza (f)	joqd	جغد
búho (m)	šāh buf	شاه بوف
urogallo (m)	siāh xorus	سیاه خروس
gallo lira (m)	siāh xorus-e jangali	سیاه خروس جنگلی
perdiz (f)	kabk	کبک

estornino (m)	sār	سار
canario (m)	qanāri	قناری
ortega (f)	siyāh xorus-e fandoqi	سیاه خروس فندقی

| pinzón (m) | sehre-ye jangali | سهره جنگلی |
| camachuelo (m) | sohre sar-e siyāh | سهره سر سیاه |

gaviota (f)	morq-e daryāyi	مرغ دریایی
albatros (m)	morq-e daryāyi	مرغ دریایی
pingüino (m)	pangoan	پنگوئن

91. Los peces. Los animales marinos

brema (f)	māhi-ye sim	ماهی سیم
carpa (f)	kapur	کپور
perca (f)	māhi-e luti	ماهی لوتی
siluro (m)	gorbe-ye māhi	گربه ماهی
lucio (m)	ordak māhi	اردک ماهی
salmón (m)	māhi-ye salemon	ماهی سالمون
esturión (m)	māhi-ye xāviār	ماهی خاویار
arenque (m)	māhi-ye šur	ماهی شور
salmón (m) del Atlántico	sālmon-e atlāntik	سالمون اتلانتیک
caballa (f)	māhi-ye esqumeri	ماهی اسقومری
lenguado (m)	sofre māhi	سفره ماهی
lucioperca (f)	suf	سوف
bacalao (m)	māhi-ye rowqan	ماهی روغن
atún (m)	tan māhi	تن ماهی
trucha (f)	māhi-ye qezelālā	ماهی قزل آلا
anguila (f)	mārmāhi	مارماهی
raya (f) eléctrica	partomahiye barqi	پرتوماهی برقی
morena (f)	mārmāhi	مارماهی
piraña (f)	pirānā	پیرانا
tiburón (m)	kuse-ye māhi	کوسه ماهی
delfín (m)	delfin	دلفین
ballena (f)	nahang	نهنگ
centolla (f)	xarčang	خرچنگ
medusa (f)	arus-e daryāyi	عروس دریایی
pulpo (m)	hašt pā	هشت پا
estrella (f) de mar	setāre-ye daryāyi	ستاره دریایی
erizo (m) de mar	xārpošt-e daryāyi	خارپشت دریایی
caballito (m) de mar	asb-e daryāyi	اسب دریایی
ostra (f)	sadaf-e xorāki	صدف خوراکی
camarón (m)	meygu	میگو
bogavante (m)	xarčang-e daryāyi	خرچنگ دریایی
langosta (f)	xarčang-e xārdār	خرچنگ خاردار

92. Los anfibios. Los reptiles

serpiente (f)	mār	مار
venenoso (adj)	sammi	سمی
víbora (f)	af'i	افعی
cobra (f)	kobrā	کبرا
pitón (m)	mār-e pinton	مار پیتون
boa (f)	mār-e bwa	مار بوا
culebra (f)	mār-e čaman	مار چمن

| serpiente (m) de cascabel | mār-e zangi | مار زنگی |
| anaconda (f) | mār-e ānākondā | مار آناکوندا |

lagarto (m)	susmār	سوسمار
iguana (f)	susmār-e deraxti	سوسمار درختی
varano (m)	bozmajje	بزمجه
salamandra (f)	samandar	سمندر
camaleón (m)	āftāb-parast	آفتاب پرست
escorpión (m)	aqrab	عقرب

tortuga (f)	lāk pošt	لاک پشت
rana (f)	qurbāqe	قورباغه
sapo (m)	vazaq	وزغ
cocodrilo (m)	temsāh	تمساح

93. Los insectos

insecto (m)	hašare	حشره
mariposa (f)	parvāne	پروانه
hormiga (f)	murče	مورچه
mosca (f)	magas	مگس
mosquito (m) (picadura de ~)	paše	پشه
escarabajo (m)	susk	سوسک

avispa (f)	zanbur	زنبور
abeja (f)	zanbur-e asal	زنبور عسل
abejorro (m)	xar zanbur	خرزنبور
moscardón (m)	xarmagas	خرمگس

| araña (f) | ankabut | عنکبوت |
| telaraña (f) | tār-e ankabut | تارعنکبوت |

libélula (f)	sanjāqak	سنجاقک
saltamontes (m)	malax	ملخ
mariposa (f) nocturna	bid	بید

cucaracha (f)	susk	سوسک
garrapata (f)	kane	کنه
pulga (f)	kak	کک
mosca (f) negra	paše-ye rize	پشه ریزه

langosta (f)	malax	ملخ
caracol (m)	halazun	حلزون
grillo (m)	jirjirak	جیرجیرک
luciérnaga (f)	kerm-e šab-tāb	کرم شب تاب
mariquita (f)	kafšduzak	کفشدوزک
sanjuanero (m)	susk bāldār	سوسک بالدار

sanguijuela (f)	zālu	زالو
oruga (f)	kerm-e abrišam	کرم ابریشم
lombriz (m) de tierra	kerm	کرم
larva (f)	lārv	لارو

LA FLORA

94. Los árboles

árbol (m)	deraxt	درخت
foliáceo (adj)	barg riz	برگ ریز
conífero (adj)	maxrutiyān	مخروطیان
de hoja perenne	hamiše sabz	همیشه سبز
manzano (m)	deraxt-e sib	درخت سیب
peral (m)	golābi	گلابی
cerezo (m)	gilās	گیلاس
guindo (m)	ālbālu	آلبالو
ciruelo (m)	ālu	آلو
abedul (m)	tus	توس
roble (m)	balut	بلوط
tilo (m)	zirfun	زیرفون
pobo (m)	senowbar-e larzān	صنوبر لرزان
arce (m)	afrā	افرا
pícea (f)	senowbar	صنوبر
pino (m)	kāj	کاج
alerce (m)	senowbar-e ārāste	صنوبر آراسته
abeto (m)	šāh deraxt	شاه درخت
cedro (m)	sedr	سدر
álamo (m)	sepidār	سپیدار
serbal (m)	zabān gonješk-e kuhi	زبان گنجشک کوهی
sauce (m)	bid	بید
aliso (m)	tuskā	توسکا
haya (f)	rāš	راش
olmo (m)	nārvan-e qermez	نارون قرمز
fresno (m)	zabān-e gonješk	زبان گنجشک
castaño (m)	šāh balut	شاه بلوط
magnolia (f)	māgnoliyā	ماگنولیا
palmera (f)	naxl	نخل
ciprés (m)	sarv	سرو
mangle (m)	karnā	کرنا
baobab (m)	bāobāb	بائوباب
eucalipto (m)	okaliptus	اوکالیپتوس
secoya (f)	sorx-e čub	سرخ چوب

95. Los arbustos

mata (f)	bute	بوته
arbusto (m)	bute zār	بوته زار

vid (f)	angur	انگور
viñedo (m)	tākestān	تاکستان
frambueso (m)	tamešk	تمشک
grosellero (m) negro	angur-e farangi-ye siyāh	انگور فرنگی سیاه
grosellero (m) rojo	angur-e farangi-ye sorx	انگور فرنگی سرخ
grosellero (m) espinoso	angur-e farangi	انگور فرنگی
acacia (f)	aqāqiyā	اقاقیا
berberís (m)	zerešk	زرشک
jazmín (m)	yāsaman	یاسمن
enebro (m)	ardaj	اردج
rosal (m)	bute-ye gol-e mohammadi	بوتهٔ گل محمدی
escaramujo (m)	nastaran	نسترن

96. Las frutas. Las bayas

fruto (m)	mive	میوه
frutos (m pl)	mive jāt	میوه جات
manzana (f)	sib	سیب
pera (f)	golābi	گلابی
ciruela (f)	ālu	آلو
fresa (f)	tut-e farangi	توت فرنگی
guinda (f)	ālbālu	آلبالو
cereza (f)	gilās	گیلاس
uva (f)	angur	انگور
frambuesa (f)	tamešk	تمشک
grosella (f) negra	angur-e farangi-ye siyāh	انگور فرنگی سیاه
grosella (f) roja	angur-e farangi-ye sorx	انگور فرنگی سرخ
grosella (f) espinosa	angur-e farangi	انگور فرنگی
arándano (m) agrio	nārdānak-e vahši	ناردانک وحشی
naranja (f)	porteqāl	پرتقال
mandarina (f)	nārengi	نارنگی
piña (f)	ānānās	آناناس
banana (f)	mowz	موز
dátil (m)	xormā	خرما
limón (m)	limu	لیمو
albaricoque (m)	zardālu	زردآلو
melocotón (m)	holu	هلو
kiwi (m)	kivi	کیوی
toronja (f)	gerip forut	گریپ فوروت
baya (f)	mive-ye butei	میوهٔ بوته ای
bayas (f pl)	mivehā-ye butei	میوه های بوته ای
arándano (m) rojo	tut-e farangi-ye jangali	توت فرنگی جنگلی
fresa (f) silvestre	zoqāl axte	زغال اخته
arándano (m)	zoqāl axte	زغال اخته

97. Las flores. Las plantas

flor (f)	gol	گل
ramo (m) de flores	daste-ye gol	دسته گل
rosa (f)	gol-e sorx	گل سرخ
tulipán (m)	lāle	لاله
clavel (m)	mixak	میخک
gladiolo (m)	susan-e sefid	سوسن سفید
aciano (m)	gol-e gandom	گل گندم
campanilla (f)	gol-e estekāni	گل استکانی
diente (m) de león	gol-e qāsedak	گل قاصدک
manzanilla (f)	bābune	بابونه
áloe (m)	oloviye	آلوئه
cacto (m)	kāktus	کاکتوس
ficus (m)	fikus	فیکوس
azucena (f)	susan	سوسن
geranio (m)	gol-e šam'dāni	گل شمعدانی
jacinto (m)	sonbol	سنبل
mimosa (f)	mimosā	میموسا
narciso (m)	narges	نرگس
capuchina (f)	gol-e lādan	گل لادن
orquídea (f)	orkide	ارکیده
peonía (f)	gol-e ašrafi	گل اشرفی
violeta (f)	banafše	بنفشه
trinitaria (f)	banafše-ye farangi	بنفشه فرنگی
nomeolvides (f)	gol-e farāmuš-am makon	گل فراموشم مکن
margarita (f)	gol-e morvārid	گل مروارید
amapola (f)	xašxāš	خشخاش
cáñamo (m)	šāh dāne	شاه دانه
menta (f)	na'nā'	نعناع
muguete (m)	muge	موگه
campanilla (f) de las nieves	gol-e barfi	گل برفی
ortiga (f)	gazane	گزنه
acedera (f)	toršak	ترشک
nenúfar (m)	nilufar-e abi	نیلوفر آبی
helecho (m)	saraxs	سرخس
liquen (m)	golesang	گلسنگ
invernadero (m) tropical	golxāne	گلخانه
césped (m)	čaman	چمن
macizo (m) de flores	baqče-ye gol	باغچه گل
planta (f)	giyāh	گیاه
hierba (f)	alaf	علف
hoja (f) de hierba	alaf	علف

hoja (f)	barg	برگ
pétalo (m)	golbarg	گلبرگ
tallo (m)	sāqe	ساقه
tubérculo (m)	riše	ریشه
retoño (m)	javāne	جوانه
espina (f)	xār	خار
florecer (vi)	gol kardan	گل کردن
marchitarse (vr)	pažmorde šodan	پژمرده شدن
olor (m)	bu	بو
cortar (vt)	boridan	بریدن
coger (una flor)	kandan	کندن

98. Los cereales, los granos

grano (m)	dāne	دانه
cereales (m pl) (plantas)	qallāt	غلات
espiga (f)	xuše	خوشه
trigo (m)	gandom	گندم
centeno (m)	čāvdār	چاودار
avena (f)	jow-e sahrāyi	جو صحرایی
mijo (m)	arzan	ارزن
cebada (f)	jow	جو
maíz (m)	zorrat	ذرت
arroz (m)	berenj	برنج
alforfón (m)	gandom-e siyāh	گندم سیاه
guisante (m)	noxod	نخود
fréjol (m)	lubiyā qermez	لوبیا قرمز
soya (f)	sowyā	سویا
lenteja (f)	adas	عدس
habas (f pl)	lubiyā	لوبیا

LOS PAÍSES

Afganistán (m)	afqānestān	افغانستان
Albania (f)	ālbāni	آلبانی
Alemania (f)	ālmān	آلمان
Arabia (f) Saudita	arabestān-e soʻudi	عربستان سعودی
Argentina (f)	āržāntin	آرژانتین
Armenia (f)	armanestān	ارمنستان
Australia (f)	ostorāliyā	استرالیا
Austria (f)	otriš	اتریش
Azerbaiyán (m)	āzarbāyjān	آذربایجان

Bangladesh (m)	bangelādeš	بنگلادش
Bélgica (f)	belžik	بلژیک
Bielorrusia (f)	belārus	بلاروس
Bolivia (f)	bulivi	بولیوی
Bosnia y Herzegovina	bosni-yo herzogovin	بوسنی وهرزگوین
Brasil (m)	berezil	برزیل
Bulgaria (f)	bolqārestān	بلغارستان

Camboya (f)	kāmboj	کامبوج
Canadá (f)	kānādā	کانادا
Chequia (f)	jomhuri-ye ček	جمهوری چک
Chile (m)	šhili	شیلی
China (f)	čin	چین
Chipre (m)	qebres	قبرس
Colombia (f)	kolombiyā	کلمبیا
Corea (f) del Norte	kare-ye šomāli	کرۀ شمالی
Corea (f) del Sur	kare-ye jonubi	کرۀ جنوبی

| Croacia (f) | korovāsi | کرواسی |
| Cuba (f) | kubā | کوبا |

Dinamarca (f)	dānmārk	دانمارک
Ecuador (m)	ekvādor	اکوادور
Egipto (m)	mesr	مصر
Emiratos (m pl) Árabes Unidos	emārāt-e mottahede-ye arabi	امارات متحده عربی
Escocia (f)	eskātland	اسکاتلند
Eslovaquia (f)	eslovāki	اسلواکی
Eslovenia	eslovoni	اسلوونی
España (f)	espāniyā	اسپانیا

| Estados Unidos de América (m pl) | eyālāt-e mottahede-ye emrikā | ایالات متحدۀ امریکا |
| Estonia (f) | estoni | استونی |

| Finlandia (f) | fanlānd | فنلاند |
| Francia (f) | farānse | فرانسه |

100. Los países. Unidad 2

Georgia (f)	gorjestān	گرجستان
Ghana (f)	qanā	غنا
Gran Bretaña (f)	beritāniyā-ye kabir	بریتانیای کبیر
Grecia (f)	yunān	یونان
Haití (m)	hāiti	هائیتی
Hungría (f)	majārestān	مجارستان

India (f)	hendustān	هندوستان
Indonesia (f)	andonezi	اندونزی
Inglaterra (f)	engelestān	انگلستان
Irak (m)	arāq	عراق
Irán (m)	irān	ایران
Irlanda (f)	irland	ایرلند
Islandia (f)	island	ایسلند
Islas (f pl) Bahamas	bāhāmā	باهاما
Israel (m)	esrāil	اسرائیل
Italia (f)	itāliyā	ایتالیا

Jamaica (f)	jāmāikā	جامائیکا
Japón (m)	žāpon	ژاپن
Jordania (f)	ordon	اردن

Kazajstán (m)	qazzāqestān	قزاقستان
Kenia (f)	keniyā	کنیا
Kirguizistán (m)	qerqizestān	قرقیزستان
Kuwait (m)	koveyt	کویت

Laos (m)	lāus	لائوس
Letonia (f)	letuni	لتونی
Líbano (m)	lobnān	لبنان
Libia (f)	libi	لیبی
Liechtenstein (m)	lixteneštāyn	لیختن‌اشتاین
Lituania (f)	litvāni	لیتوانی
Luxemburgo (m)	lokzāmborg	لوکزامبورگ

Macedonia	jomhuri-ye maqduniye	جمهوری مقدونیه
Madagascar (m)	mādāgāskār	ماداگاسکار
Malasia (f)	mālezi	مالزی
Malta (f)	mālt	مالت
Marruecos (m)	marākeš	مراکش
Méjico (m)	mekzik	مکزیک
Moldavia (f)	moldāvi	مولداوی
Mónaco (m)	monāko	موناکو
Mongolia (f)	moqolestān	مغولستان
Montenegro (m)	montenegro	مونته‌نگرو
Myanmar (m)	miyānmār	میانمار

101. Los países. Unidad 3

| Namibia (f) | nāmibiyā | نامیبیا |
| Nepal (m) | nepāl | نپال |

Noruega (f)	norvež	نروژ
Nueva Zelanda (f)	niyuzland	نیوزلند
Países Bajos (m pl)	holand	هلند
Pakistán (m)	pākestān	پاکستان
Palestina (f)	felestin	فلسطین
Panamá (f)	pānāmā	پاناما
Paraguay (m)	pārāgue	پاراگوئه
Perú (m)	porov	پرو
Polinesia (f) Francesa	polinezi-ye farānse	پلینزی فرانسه
Polonia (f)	lahestān	لهستان
Portugal (m)	porteqāl	پرتغال
República (f) Dominicana	jomhuri-ye dominikan	جمهوری دومینیکن
República (f) Sudafricana	jomhuri-ye āfriqā-ye jonubi	جمهوری آفریقای جنوبی
Rumania (f)	romāni	رومانی
Rusia (f)	rusiye	روسیه
Senegal (m)	senegāl	سنگال
Serbia (f)	serbestān	صربستان
Siria (f)	suriye	سوریه
Suecia (f)	sued	سوئد
Suiza (f)	suis	سوئیس
Surinam (m)	surinām	سورینام
Tayikistán (m)	tājikestān	تاجیکستان
Tailandia (f)	tāyland	تایلند
Taiwán (m)	tāyvān	تایوان
Tanzania (f)	tānzāniyā	تانزانیا
Tasmania (f)	tāsmāni	تاسمانی
Túnez (m)	tunes	تونس
Turkmenistán (m)	torkamanestān	ترکمنستان
Turquía (f)	torkiye	ترکیه
Ucrania (f)	okrāyn	اوکراین
Uruguay (m)	orogue	اوروگوئه
Uzbekistán (m)	ozbakestān	ازبکستان
Vaticano (m)	vātikān	واتیکان
Venezuela (f)	venezuelā	ونزوئلا
Vietnam (m)	viyetnām	ویتنام
Zanzíbar (m)	zangbār	زنگبار

www.ingramcontent.com/pod-product-compliance
Lightning Source LLC
Chambersburg PA
CBHW070825050426
42452CB00011B/2184